ひのえうま

江戸から令和の迷信と日本社会

吉川徹

光文社新書

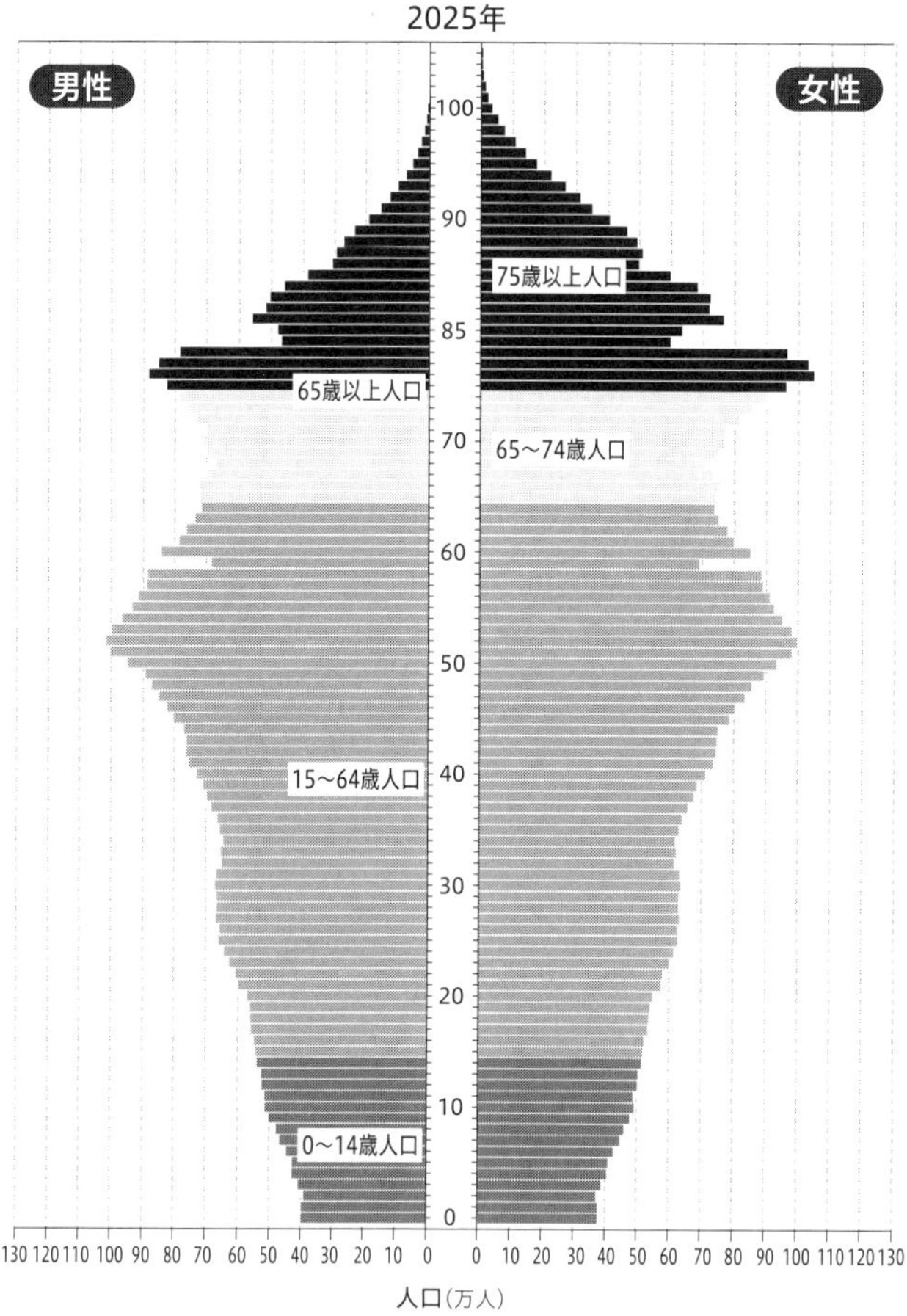

図0-1　日本の人口ピラミッド

はじめに

日本の人口ピラミッド（図0‒1）の特徴的なところはどこかご存じでしょうか。

よく知られているのは、団塊の世代の人口が多かったということでしょう。生まれ年としては1947（昭和22）～1949（昭和24）年にあたります。この世代の人口が急増したのは、第二次世界大戦が終わって平和な時代になり、出生数が爆発的に増え、乳幼児死亡率も低下したためです。図0‒1のグラフでは、上のほうにある突出です。

その子どもたちが団塊ジュニア世代で、1971（昭和46）～1975（昭和50）年生まれにあたります。ここでは、少し幅をもった緩やかな出生増がみられました。団塊の世代が70代後半に至り、次第に人口を減らす局面にある今では、壮年期にある団塊ジュニアの方が人口規模の大きい生年集団になっています。グラフの中ほどにある膨らみです。

この二つの人口の波は、もともと第二次世界大戦に起因しているのですから、他の社会でもおおよそ同じように生じていて、ベビーブーマー／エコーブーマーと呼ばれています。

では、日本の人口ピラミッドだけにある特徴は？　といえばどうでしょうか。

それは、この二つのボリュームゾーンの間に、1年だけ切り欠き状になっているところがあることです。これが１９６６（昭和41）年の一時的な出生減、「**ひのえうま**（**丙午**）」の名で知られている現象です。

ひのえうまというのは、迷信のために赤ちゃんを産むのを控える人が多かった年のことだ、というのは若い人たちでも聞いたことがあると思います。

戦後日本の高度経済成長期は、１９５５（昭和30）年から１９７３（昭和48）年あたりだとされます。その只中、新幹線や高速道路が整備され、テレビのカラー放送が視聴され始め、アメリカではＮＡＳＡが月面着陸を目指してアポロ計画を進めている……そういう年に、暦に由来する忌事《いみごと》という何とも時代がかった理由から、この**昭和のひのえうま**では、出生数が人口統計をとり始めた明治以降、最低を記録したのです。

この年に生まれた赤ちゃんの数は１３６万９７４人。

前年比で約46万3千人減、比率にすると4分の3以下に落ち込みました。しかし翌年には、出生数は約57万5千人増と回復し、その人口規模で団塊ジュニアへと続いていきます。

ひのえうまの出生減は、60年ごとに繰り返されてきたものと考えられがちです。けれども、人口ピラミッドにここまで深い切り欠きを残すほどのインパクトがあったのは、じつはこの昭和のひのえうま一度きりなのです。

世界的にみても、ある年に限って人口動態にこれほど大きな変異が生じている例は、寡聞にして知りません。もしかするとどこかの開発途上社会で、自然災害、疫病《えきびょう》の流行、あるいは戦争や内戦などのために、その年だけ出生率が大きく低下したり、新生児や乳児の死亡率が一時的に高まったりした記録をみつけることができるかもしれません。

けれども昭和のひのえうまは、そのような「事故」（インシデント）ではありません。俗言に左右された、個々の親たちの判断の集積という、社会学的メカニズムによってもたらされた「現象」（フェノメノン）なのです。

ひのえうまが1966（昭和41）年だということを知っていると、世界中の異なる時点の人口ピラミッドをどれだけたくさん並べられたとしても、そのなかから日本の特定の年のものを瞬時に選ぶことができます。切り欠きが何歳のところにあるかということで、例えば19

歳のところにあれば、「これは１９８５年国勢調査のときの日本！」というように、言い当てることができるからです。

都道府県別の統計値や、社会調査のデータをみるときにも、１９６６（昭和41）年生まれの人数にちゃんと凹みができているかどうかで、信頼性を見極めることができます。ひのえうまの切り欠きは、その固有性と顕著さゆえに、現代日本社会のかたちを見定める際の符《ふ》牒《ちょう》となっているのです。

２０２６（令和８）年には、暦が一巡して次のひのえうまが到来します。はたして、再び赤ちゃんの数は減るのでしょうか？

もちろんそのことは気がかりですが、昭和のひのえうまのほうは、この年に文字どおり還暦を迎えることになります。人生１００年時代といわれる今、60歳は人生のゴールには程遠い年ではありますが、依然として社会経済的な立場に一区切りを付ける通過点とみなされています。

そこに至ったとき、かれらの人口がどうなるのかは未だ正確にはわかりません。けれども、２０２０年の国勢調査では、昭和のひのえうまの人口は１３４万４千７２０人（外国籍を含めると１３７万１千３５６人）で、出生時からわずか約１万６千人（約１・18％）しか減少

（死亡および国籍移動）していません。平和で安定した時代が続き、高い公衆衛生水準に裏打ちされた少死社会日本の人口ピラミッドには、かれらが生きた60年の間、ほぼ同じ深さの切り欠きが刻まれたままだったのです。

本書が注目するのは、この「レアもの」世代、昭和のひのえうまです。じつはこの人たちについては、婚姻関係に差し障るほど気が強い女性が多いらしいとか、競争相手が少なかったため何かと得をしたらしい、などという「都市伝説」がささやかれてきました。本当なのでしょうか？

驚くべき出生減をもたらしたこの迷信の来歴を知り、昭和から平成を経て令和に至るかれらの数奇な生い立ちと人生をたどることによって、目前に迫った**令和のひのえうま**はいったいどうなりそうか？　おのずから答えがみえてくることでしょう。

第4章

塞翁がひのえうま ――昭和のひのえうまの人生

本文図表作成／キンダイ

第1章

江戸庶民に拡散した俗信

社会に跳ね返る迷信

丙午[1]（ひのえうま）は、十干十二支《じっかんじゅうにし》[2]のひとつで60年ごとにめぐってきます。この年に限って、穏やかならぬことがいわれてきました。それは、この年生まれの女性は気性が激しい、七人の夫を食い殺す、嫁ぎ先に災いをもたらす、さらには、ここに書くのはちょっと憚《はばか》られるような悪口雑言《あっこうぞうごん》まで……。

この迷信がいうところは、荒唐無稽であるだけではなく、変更不可能な属性（特定生年と性別）に向けられた差別に他なりません。今の社会ならば、発言したら即時「アウト」になるような類《たぐい》の、倫理にもとる言説です。

ですから始めに断っておきます。本書のなかでは、ひのえうま生まれの女性たち、およびその年に身籠《みごも》った女性たちに加えられてきた社会からの圧力と、生死にかかわるほどの深刻な不利益を扱います。この現象の成立と拡散を許した背景には、社会の不当な位置に女性たちを押しとどめてきた因習規範の強い拘束力と、命と生殖にかかわる女性たちの権利の蹂《じゅう》躙《りん》があります。

歴史上のこととはいえ、その苛烈《かれつ》さを知れば知るほど、怒りと悲しみを禁じ得ません。当事者たちの苦しみを想うこの心情は、読者と共有したいと思います。そのうえで以下では、科学的にというと大仰《おおぎょう》ですが、善悪ではなく正誤の観点から事実を論じ、そこにある社会の仕組みを読み解いていきます。

ひのえうまは、もとは古代中国に起源をもつ陰陽五行説に由来しています。しかし他の東アジア社会には、この年生まれの女性が云々というような迷信はほとんどなく、せいぜい災禍が多い年だとされているにとどまります。

じつはこの迷信は、日本国内で江戸初期にいわれ始め、徐々にかたちをなすようになったものなのです。その歴史をひもといていくにあたり、これまでに６度めぐってきたひのえうまを、順に挙げておきます。

①　寛文のひのえうま（１６６６年）
②　享保のひのえうま（１７２６年）
③　天明のひのえうま（１７８６年）
④　弘化のひのえうま（１８４６年）
⑤　明治のひのえうま（１９０６年）
⑥　昭和のひのえうま（１９６６年）

そして7度目になるのが、⑦　令和のひのえうま（２０２６年）です。

ひのえうまの生まれを忌避することは、初めのうちは庶民の吉凶の縁起担ぎのひとつにすぎなかったのですが、60年周期の歴史を繰り返すうちに、ひのえうま女性は気性が荒いらしく、婚姻に差し障りがあるという風説が広まり、何の過ちがあるわけでもないのに、該当する女性たちに厄難《やくなん》（社会の側から加えられる圧力）が降りかかるようになりました。

やがて、実態として深刻な不利益が生じていることも相俟《あいま》って、暦法上いわれがあるとされるこの年に、子ども（女児）をもうけることも、著しく忌避されるようになっていったのです。

現在わたしたちは、特定女性をめぐる差別言説のほうはそれほど気に留めなくなり、ひのえうまとは同年人口が極端に少ない年を指す言葉だと考えがちになっています。けれども、この極めて特異な人口現象は、あやふやな易暦を発端として、江戸期特有の社会文化的要因の絡み合いの末に、思いがけず成立したものなのです。

この迷信は、大安や仏滅などのお日柄とか、鬼門を避けるとか、清めの塩とか、鰻と梅干の食い合わせのような験担ぎとは違い、婚姻と次世代の再生産（妊娠・出産）を通じて、社会のあり方に跳ね返ってくるものです。この再帰性ゆえに、ひのえうまは、数ある迷信のなかでも格別の扱いを受けるものになったのだということができるでしょう。

始まりは八百屋お七

　ひのえうまの女性にまつわる最も古い言説とされるのは、江戸初期の俳人山岡元隣《やまおかげんりん》の１６６２（寛文２）年の俳諧集『身の楽千句』における、「ひのえ午ならずば男くいざらまし」（ひのえうま生まれの女性ではあるまいし、男を食べることはないだろう。傍点は引用者）というものです。江戸期最初のひのえうまは、１６０６（慶長11）年なのですが、この時代に迷信がいわれていたことを示す資料は、他には見出《みいだ》されていません。

　だとすれば、ひのえうま迷信の事実上の始まりは、今から３６０年前の１６６６（寛文６）年、**寛文のひのえうま**に求められます。

　八百屋《やおや》お七《しち》（図１-１）は、ひのえうま女性の代名詞のように扱われてきました。その生年が、この寛文のひのえうまであったとされます。広く知られているのは、天和の大火（１６８２（天和２）年）の際の、次のようなエピソードです。

　江戸の町の火事で焼け出され、寺に一次避難していた八百屋の娘お七は、そこで出会った男に恋心を抱きます。お七は、再び火事になれば男と再会できると目論《もくろ》み、大胆にも大罪の

図 1-1　月岡芳年の「八百屋お七」の浮世絵

火付け（放火）を犯し、自ら半鐘を叩きます。そしてその咎《とが》で火刑に処されてしまうのです。

事件後の1686（貞享《じょうきょう》3）年、上方の浄瑠璃作者の井原西鶴が『好色五人女』に「恋草からげし八百屋物語」と題してこの話を採録します。曰く、

ここに、本郷の辺《あたり》に、八百屋八兵衛とて、売人、昔は俗姓賤《いや》しからず。この人、一人の娘あり。名は、お七と云えり。年も十六、花は上野の盛り、月は隅田川の影清く、かかる美女のあるべきものか（井原西鶴 1927）。（以下、旧文体の引用にあたっては、字体、仮名づかい、句読点を適宜変更）

（ここ、江戸本郷の近辺に、八百屋八兵衛という、元来賤しい出自ではない商売人がいました。この八兵衛には一人の娘がありました。名はお七といいました。年は16歳で、花でいえば上野

の山の盛りの桜のようでもあり、月でいえば隅田川の川面に映える月影のように清らかで、いったいこれほどの美人がいるものでしょうか）

天和の大火から逆算すれば、なるほどお七は寛文のひのえうまの生まれであったということになります（その真偽については諸説あります）。

昭和戦前期の迷信研究者、日野九思《ひのきゅうし》（1938）によると、丙午年には火難に気を付けよ、という暦法上の占事《うらごと》が先に巷間《こうかん》に流布しており、江戸の火事にまつわるお七の物語以降、その年の生まれの女性の気性の激しさが、そこに結び付けられるようになったようです。烈女お七の恋愛悲劇は、歌舞伎や文楽としてさかんに上演されて、庶民に広まっていきました。

余談ですが、平成のカラオケの定番として今も人気の高いポップス演歌『夜桜お七』（１９９４年リリース）も、この逸話をモチーフとしています。歌った坂本冬美は１９６７（昭和42）年3月生まれですから、後述するひのえうま学年にあたります。そこまで知ってこの楽曲を聞くと、一段と心に染み入ることと思います。

続く貞享・元禄年間（１６８４〜１７０４年）には、お七を題材としたものの他にも、ひのえうま女性の激しい気性を描いた世話物が、浮世草子や戯作として書かれたり、狂句が残されたりしています。そこではひのえうま女性について、いくぶん半信半疑な言いぶりで、次のように言及されています。

「丙午昼の契りも絶へぬべし」(ひのえうま生まれの人は、昼間から絶え間なく情交するのだろうな)、「丙午祟るまでこそ命なれ」(ひのえうま生まれの人は、命がけで人を祟るぞ)、「ひのえ午の女なれどもそれにはよらず、男に喰れてここ地なやみし」(ひのえうま生まれの女性だが噂どおりではなく、男性に惑わされて気もそぞろになっている)、「丙午の女は必ず男を喰へると世に伝えしが、それには限らず」(ひのえうま女性は必ず男性を喰うと世間では言うが、そうとも限らない)、「かならず丙午のおんな、夫をかむものにあらず」(ひのえうま女性だからといって、必ず夫にかみつくというわけでもない)(富士川游 1932、小林胖生 1935, 1941、日野 1938)。

もっとも、寛文のひのえうま女性たちの婚期にあたる天和・貞享年間(1680年代)において、彼女たち自身が、縁談をめぐって厄難を被ったという具体的な記録は残っていません。婚姻の忌避は未だ明確にはいわれていないけれども、その性格や運勢についての俗言が広く知られ始めていたという状況が推し量られます。

川柳に残るタイムライン

ひのえうま女性の気性の激しさが世間に浸潤《しんじゅん》していくなか、めぐってきたのが1726（享保11）年の**享保のひのえうま**です。これ以降、ひのえうま女性との婚姻を嫌うことが、禁忌としてのかたちをもち始めます。

現在でも、結婚に絡むと日本人は何かと縁起を担ぐものです。よく知らない他者と親族になったり、家族の一員に迎えたりするわけですから、些細《ささい》なものであっても、何らかの情報を頼りに不安を和らげたくなるものなのでしょう。ひのえうま女性の性格や運勢にまつわる俗言は、そこの心情を巧みに突いたものであり、たちの悪い「フェイクニュース」であったわけです。ひのえうま迷信はやがて、この凶年に女児を産むことの忌避にまで飛び火していきます。

この時代の庶民の暮らしのなかで、この迷信がどのように扱われていたのかは、古川柳から知ることができます。

こんにち五・七・五の狂句が川柳と呼ばれるのは、江戸中期にこの庶民文化の「プロデューサー」（点者）として活躍した柄井《からい》川柳の名に由来しています。彼とその後継者たちは、「万句合《まんくあ》わせ」という版元主催の公募を常時興行しました。そして一般庶民からの投句を品評し、各年の秀作を「暦摺《こよみずり》」という印刷物にしていました。[3]そこに挙がった句を再録したものが『誹風柳多留《はいふうやなぎだる》』のような秀作集です。

つまり川柳は、単に文芸作品であるにとどまらず、作句、収集、品評、発表、ログ記録という一連の情報流通プロセスを伴うものなのです。これは現在の「サラ川」（サラっと一句！わたしの川柳コンクール、旧名、サラリーマン川柳）や、新聞投書川柳にも受け継がれているやり方です。

そういうわけで、「勝ち句」を決める点者が誰であったのかはわかるのですが、個々の詠《よ》み人の名前はほとんど残っていません。詠み人は、江戸の庶民層のマニア的な投句者であり、当時の川柳の流行を担った人びとだったのでしょう。そして句は、ほとんどすべて男性目線で詠まれています。庶民の日常を男性たちが定型詩にして、ツイートのように発信したものが、「暦摺」（インフルエンサーの「いいね」のログ）として残っているというわけです。

その数は数万句といわれますが、その中に、ひのえうま生まれの女性に対する誹《そし》りや嘲《あざけ》りを詠んだものがあります。ここでは、迷信研究者の富士川游《ゆう》（1932）、古川柳を研究した丸十府《まるじっぷ》（1969）、渡辺信一郎（1996）が「暦摺」などから採録したものを、江戸中期について時系列で並べなおしました。ここから俗言拡散の「タイムライン」を追ってみましょう（表

1−1）。まず宝暦年間（18世紀半ば）に、「蛤《はまぐり》にせつせつ座る丙午」という句が詠まれています。その意は、蛤の吸い物が縁起物として出される婚礼の席に、ひのえうま女性は何度も座るということで、夫を次々食い殺すという俗説に拠《よ》って、ひのえうま女性が再婚を繰り返すことを皮肉ったものです。続いて、悪いいわれがあるため縁遠いことや、嫁入りの際に持参金を多く積まなければならないことを揶揄《やゆ》したものがみられます。

これらの句が詠まれた宝暦・明和年間は、享保のひのえうま女性が20〜40代のころにあたります。揶揄の対象は同時代の人であるはずですから、彼女たちについて、「ひのえうま女性は男を食う」などという気性をめぐる風聞があったにとどまらず、縁遠かったり、不縁であったりという、婚姻にまつわる具体的な不利益があったことが証拠付けられます。

また、美人の後家との恋が成就しないことの腹いせに、ひのえうま迷信を持ち出しているものもみられます。他の川柳からも、西鶴の八百屋お七以来の「ひのえうま女性は美人なのだが、気性は……」という世評が定着していたことが知られます[4]。

続く安永年間は、川柳が最も興隆した時期で、ひのえうまを扱った「勝ち句」が毎年のように「暦摺」に残っています。ただし表1−1に示したひのえうま女性の年齢からわかると

大意	他の文献資料
	「恋草からげし八百屋物語」 『婦人養草』
	「さとし文」奉納絵馬
蛤の吸い物が縁起物として出される婚礼の席に、ひのえうま女性は何度も座る	
ひのえうま女性は、つれあいを二三人振り落とす ひのえうま女性は、つれあいに恵まれず、生涯暗い年を重ねる	
十干のうちのひとつだけ丙は、午年にあたると差しさわりがあるとされるものになる	
ひのえうまではない、ただの午年生まれの女性には、縁結びの出雲大社は一人ずつしか相手を用意しない ひのえうま女性は再婚をするので、繰り返し花嫁姿に化ける	
求愛をはねつけられた男性が、意趣返しにあの女性はひのえうまなんだと吹聴する	
ひのえうま女性には、身元を知らない遠い所から結婚話が来る	
ひのえうま女性は暗い顔立ちをしているわけではなく、意外と美人だ	
ひのえうま女性は何度か夫を食い殺して逃げている	
ひのえうま女性は、ひとかどの持参の荷をもって嫁に行く	
後家につきあいを断られたのか、あれはひのえうま女性かもしれないな、と男性がケチをつけている	
人に嫌がられる丙午生まれの女性だが顔は美しい	
（丙）午年生まれならば、結納のほかに持参金を付けて嫁に行くはずだ 美人で持参金まで付いてくるとは、嫁はヒヒンといななく丙午女性かもしれないよ	
悪い干支（丙午）の生まれなので、いろいろな男茎を食い殺している	
夫を二三人蹴り殺してきた女房だ	
長く忘れているかもしれないが、六十一年目には恐ろしい女性ができる年が来る	
ひのえうま女性でもないはずなのに、相手を殺すほどに美しい	
	『丙午さとし書』
ひのえうま女性は、身元を知っている近い所には縁付かない	『丙午さとしばなし』 『丙午迷いさとしの説』
丙午女性は、れっきとした姓である遠藤氏だと触れ込むが、じつは縁遠い娘だ	
出雲大社の縁結びも、ひのえうま女性には何度も娶わせなければならないので手がかかる	
ひのえうま女性は、しっかり持参品を持ってくる	
	『良姻心得草』
ひのえうま女性は、あの世でも、つれあいが五六人座を分け合って待っている	

年代	ひのえうま女性の年齢	川柳
1686（貞享3）年		
1726（享保11）年	享保のひのえうま誕生	
1750年代（宝暦年間）	20代	蛤にせつせつ座る丙午
1763（宝暦13）年	37歳	二三人乗り手を落とす丙午 丙午一生くらい年を取り
1764（明和元）年	38歳	十干のうちでひとつは午に毒
1765（明和2）年	39歳	大社ただの午には一人あて 花嫁にときどき化ける丙午
1766（明和3）年	40歳	跳ねられた意趣に丙を吹聴し
1767（明和4）年	41歳	丙午遠い所から結納が来
1768（明和5）年	42歳	丙午何くらからぬ顔を持ち
1769（明和6）年	43歳	食い逃げを幾度かする丙午
1770（明和7）年	44歳	いっかどの荷をつけていく丙午
1775（安永4）年	49歳	丙だも知れぬと後家へけちを付け
1776（安永5）年	50歳	嫌う年生まれた顔の美しさ
1777（安永6）年	51歳	午ならば付けていくはず持参金 美でおみや付くとはひひんだも知れず
1779（安永8）年	53歳	悪い干支種々なへのこを食い殺し
1781（天明元）年	55歳	二三人蹴殺してきた女房なり
1783（天明3）年	直前	六十一年目にこわい女出来
1784（天明4）年	直前	丙でも無いのに殺す美しさ
1785（天明5）年	前年	
1786（天明6）年	天明のひのえうま誕生	丙午近い所は縁がなし
1799（寛政11）年	13歳	丙午遠藤氏の娘なり
1800（寛政12）年	14歳	大社手数のかかる丙午
1802（享和2）年	16歳	丙午しつかり重荷つけてくる
1806（文化3）年	20歳	
1822（文政5）年	36歳	丙午半座を分けて五六人

表1-1　ひのえうまを詠んだ古川柳

おり、この時代には享保のひのえうま女性たちはすでに壮年となっており、直接の揶揄の対象であったとは考えられません。後家が云々というのも、大年増《おおどしま》どころか、当時としては初老の40代後半の女性を指していることになります。

ということは、この時期の川柳に残るひのえうまエピソードは、詠み人の創作、もしくはこの俗信について物知り顔で蘊蓄《うんちく》を開示するという性質のものなのでしょう。あるいは、詠み人はさらに年上のご老人で、粋を気取って男女の色恋を詠んだのかもしれません（現在ならば、オヤジのハラスメント発言ですが）。

やがて次のひのえうま年との端境《はざかい》期に入ると、ひのえうまを扱う読み句は、ひとたびやや下火になります。ところが、次のひのえうまの直前になると、小さなリバイバルが起こっています。典型的なものに「六十一年目にこわい女出来」という句があります。数年後に迫っている丙午年には、易暦上よくないいわれがあるから気を付けよ、という警句です。ここからは、迷信の向けられる対象が、前のひのえうま女性の婚姻忌避から、次のひのえうまの年の出産回避へと飛び火していったことを読み取れます。

それからさらに15年ほど経った当時の女性の婚期前においては、早くもうら若いひのえうま女性が標的に見立てられ、その婚姻が揶揄され始めます。

予言の自己成就と意図せざる結果

川柳は、無名の庶民の「つぶやき」を、口伝《くでん》ではなく版元が出す摺《す》り物によって、時空を超えて拡散させることを可能にしました。そのタイムラインを振り返ると、享保のひのえうま女性たちが、気性や運勢についての迷信のために縁付きにくく、その後には美人だが再婚を繰り返すとされ、それが次のひのえうまの出産忌避を誘い、生まれた女児たちが長じると再び婚姻の厄難が煽《あお》られる……という経過を確認できます。

しかもそれは、ひのえうまの年の前後や、ひのえうま女性の婚期に限って話題となっていたわけではないのです。縁談や婚姻にまつわる「故事」は、暦のめぐりの合間の時期にも繰り返し詠み伝えられ、易暦の俗言のひとつとして人びとに覚えられていったのです。

他方、『婦人養草《やしない》』(1686)においては、「丙午の年の女は夫をころす性《さが》なりと世俗に云う」(ひのえうま女性は夫を殺す性格だ、と世間でいわれる)、『良姻心得草』(1805)においては、「世俗丙午歳の女は男を殺し、丙午の男は女を殺すとて専《もつぱ》ら忌《い》めり」(世の中では、ひのえうま生まれの女は相手の男を殺し、ひのえうま生まれの男は女を殺すとして、さかんに嫌って避けている)と、諭されるようにもなりました。

『婦人養草』や『良姻心得草』は、儒教的な道徳倫理に基づいて、武士や上流町人層の子女に向けて禁訓を示す教本、あるいは教養書として書かれた草子です。ひのえうま生まれの女性との婚姻を忌避することは、これらを通じて良俗の心得のひとつとなっていきました。

今のSNSでは、何気ない「つぶやき」や問題発言が一夜のうちにバズって、リツイートから別のトピックや関係のない人物に飛び火したり、煽りの書き込みやアンチ言説が出たり、過去ログが炎上したりすることがあります。江戸時代の情報空間では、ある意味でこれと似たことが、数時間ではなく100年ほどの間に展開していたことがわかります。

こうして虚実織り交ぜた言説が拡散すると、ひのえうま女性たちの人生、とりわけ縁談にかんする不利益は確定的になります。元来は根も葉もない巷説《こうせつ》（いわゆるデマ）であったものも、多くの人びとが信じてしまうと、より正確には、多くの人びとが信じていると多くの人が認識すると、実際の姿を伴うようになるのです。社会学や社会心理学でいう「予言の自己成就」です。ひとたびこれがマクロな社会の規模で作動し始めると、事態を収拾することはほとんど不可能です。

確かに注意深く読むと、「世俗に云う」、「世俗……忌めり」という言い回しは、易暦の禁忌を犯すと天の報いを受ける、などと不信心を戒めているわけではありません。社会的事実として不利益が実在しているということについて、注意を喚起しているのです。

さらに、川柳のタイムラインからは、江戸中期において、ひのえうまを嫌う風潮が当年の（女児）出産を忌むという、意図せざる方向へと展開していったことがわかります。

民俗学研究者の小林胖生《やすお》（1941）は、「文筆の士によって描写された丙午に関する物語は、或《ある》は口伝に、或は劇に仕組まれ、至る處《ところ》で喧伝され、従来は民間の一部に在って左程《さほど》の影響力をも持ち得ず、或は影響はあっても、それによって実害を被ることも比較的少なかったものが、遂には都鄙《とひ》を論ぜず、上下の別なく広く一般化されて行ったのである。この風潮は遂には丙午に生れる嬰児《みどりご》に対して、あるいは堕胎、あるいは陰殺の如き惨行をあえてせしめるに至った」と解釈しています。

江戸期の資料においても、「享保十一年丙午年、天明六年丙午年にも、懐胎の婦人、他の嘲りを恥じて流し薬を用い、誤りて命を失うもの多かりしと聞こえたり」（楓川市隠 1845）とされています。また日野九思は、「若し一人の丙午の女児を生めば、本人のみならず一家親族までも天の呪ひを受けたるが如き悲運になかなければならない」（日野 1938）とさえ考えられるようになったと述べています。これらはこの時期に、受胎・出産に対して、社会（世間）から、極めて強い圧力が加えられるようになったことを指摘するものです。

しかしこれもまた、易学書などに記されている何かの道理に従ったものではありません。あくまで、気性の荒さに基づいた婚姻忌避が広まったことの、意図せざる結果として派生したものなのです。

興味深いのは、それが刹那的な群衆行動ではなく、40年ものインターバルを経て成立しているということです。江戸の人びとの寿命を考えると、行為の主体は、次の世代の人びとへと移っていたということになります。

後世において、昭和のひのえうまの大出生減を引き起こすことになる当該年の出産忌避は、個人内で完結する認知と行動であったわけではなく、世代を超えた大きな社会的連鎖が、ゆっくりと一巡りして成立したものだったのです。

子流し・間引き

縁起をかつぐ、験をかつぐ、という風習がさかんで、社会規範としての重みをもっていた江戸の町方において、生まれから不利ないわれを背負う子をもちたくはないという心情から、予防的な出産回避がなされることがあったとすれば、確かにそれは理解できます。

ただし、江戸期に出産回避の手段とされた、子流し（堕胎）、間引き（嬰児密殺）あるいは子捨て（乳児遺棄）については、この時代の庶民一般の生活の実情を考慮しなければなりません。

日本の人口は、江戸初期には社会が安定して生産性が高まっていくにつれて漸増《ぜんぞう》していきました。しかし、享保年間（18世紀前半）以降ほぼ一世紀の間は、人口は3千万人強で横ばい状態だったことが歴史人口学の研究で明らかにされています。その後、江戸末期になると、近代化に先駆けて再び人口増が始まっていきます（鬼頭宏 2000、速水融 2022）。

江戸中期になぜ人口が増えなかったのかについては、いくつかの要因が指摘されています。ひとつは小氷期ともいわれる天候不順や浅間山の噴火など、度重なる自然災害によって、農業生産が増えなかったため、出生数が停滞したということです。加えて、これらによる飢饉《ききん》あるいは疫病の大流行のために、人生途上で亡くなる人が多かったことも指摘されています。また、江戸などの都市に農村部からの流入者が増えて、人口が集中し始めたのですが、そこでの出生数が少なかったことも原因として挙げられています。これにかんしては、今の日本でもたいへんよく似た現象が起こっています。

そしてもうひとつ有力とされる要因が、嬰児が、死産や病死にとどまらず、人為的に減らされていたということです。この人口抑制の手段が子流しや間引きです。

この時代、堕胎には、流し薬、母体への身体的負荷による流産促進、掻把《そうは》などというリスクの大きい方法がとられていました。それゆえに前述のとおり妊婦が命を落とすことがしばしばあったのです。これに対し、死産も含め、分娩後に対処する間引きは、子流しと比べると母体への負担も、人手に頼ることによる金銭的な負担もむしろ少ない、手軽な方法だと考えられていました。

そもそも、当時の人びとの心性としては、流し薬を用いることや、産婆の手を借りて「赤子をかえす」ことは、いずれも絶対的な非違行為と考えられていたわけではありませんでした（落合恵美子 2022）。ただし、これらが世帯の生活水準の低下を避けるために予防的に行われていたのか、生存の限界に至ってしまって、やむなく育成を断念していたのかという点については異なる見解があります。いずれにせよ、子流し、間引きは、江戸中期にはひのえうまの年に限らず、恒常的に行われていたのです。

それでも江戸末期（１８２０年代以降）になると、各藩や幕領の政策として、厳しい禁止令が出されるようになり、一部では宗門人別《にんべつ》改《あらため》帳への乳児の新規記載とは別に、各年の妊娠の数が調べられました。それに伴って間引きは次第に少なくなり、明治を迎えることになります。このことは、この時期に再び人口が増え始めたこととも整合しています（平井晶子

2008)。

このように公的に禁止がいわれるようになる以前の江戸中期においても、こうした行為は、公衆道徳上、望ましからぬ行為とみなされていました。それゆえに、人知れず、密《ひそ》やかに「始末」されなければならなかったのです。その全国的な規模が、人口停滞をもたらすほどのものであったのかどうかは、たいへん知りたい点ですが、そもそも記録に残されにくい性質のものごとであるため、明らかではありません。

産児調節の名目として

母体にかかるリスクの違いの他にも、間引きには子流しにはない特性があります。第一は、現在の法の下において、子流し（人工妊娠中絶）は刑法罪にはあたりませんが、間引きは親による殺人だということです。第二は、間引きは赤ちゃんの性別がわかってから行う、選択的な産児調節であるということです。単純に男児を残して女児が間引かれていたというわけではないのですが、歴史人口学では、間引きの実態は、女子の比率が自然状態よりも少ないことから推定されます。

そして第三に、言葉の意味を考えると、間引きは第二子以降に対してなされる行為だったということです。子流しのほうは、未婚や密通における懐胎にも用いられましたが、間引きは、イエにとって必要な子どもを残しつつ、人為的に出生間隔と子どもの数を調整し、残った子の生育環境を整えることを明確な目的としてなされていたのです。

ですから「長子を間引く」というような使われ方は、厳密な意味上はありえません。間引きは、イエの存続にとって重要性が低い次子以降について、しばしば女児を余剰とみて、その命を生後ただちに絶つという風習であったのです。

そういう社会状況のなかで、ひのえうま年には女児をもうけるべきではない、と世上でいわれ始めたわけです。

これは、世帯の生存環境を守るために、陰ながら行わざるを得なかった（次子以降の）子流しや間引きに、この年に限って別の拠り所を与えることになったはずです。幼い命にとっては不運なことに、しかし不届きな考えをもつ親たちにとっては好都合なことに、この迷信がいうところは、次子以降の女児を間引くという風習に合致します。「ひのえうま年にあたっているし、女児であれば、ここで子どもの間隔を空けておこう」というような判断があったことが想像されるのです。

要するに、60年に一度のひのえうまの年にだけ、子流しや間引きが行われたというわけではなく、秘《ひそ》かに常態化していた後ろめたい行為が、この年には比較的ためらいなくなしえたために、数を増していたものと考えられるのです（小林 1941）。ひのえうま迷信による出産回避は、社会の側にこれを受け止めて実践しやすい素地がすでにあって、そこに共鳴するかたちで社会現象が大きくなったというのが実際のところなのです。

ひのえうまが、おりからの産児調節に格好の名目を提供するという構造は、昭和のひのえうまにおいて、別のかたちで再来することになります。ひのえうまの出生減は、迷信が引き起こした突発的な事故ではなかった、ということを強調しておきたいと思います。

次にめぐってきた１７８６（天明６）年の**天明のひのえうま**は、江戸ではひのえうまを扱う川柳が詠まれていたときにあたるのですが、農村地域は６年続いた天明の大飢饉の只中《ただなか》にありました。江戸期最大とされるこの自然災害は、死者数が延べ90万人以上という甚大《じんだい》な被害をもたらしました。

老若男女が飢餓に苦しむなかで、前後数年にわたり、生き残ることができない乳幼児が多かっただけではなく、出生数自体が少なかったと推測されています。いわば、削りしろが小さいタイミングで迎えたひのえうまだったのです。

そのため、天明のひのえうまについては、迷信風説が流布していたことの記録はありますが、その年に限った出産回避の明確な証拠は存在しておらず、先行研究でもひのえうまの影響は比較的小さかったとされています。事実、宗門人別改帳への記載者数がこの生年だけ少ないなどの傾向は見出されていません。

このことからは、人口ピラミッドに切り欠きが刻まれるための条件として、ひのえうま前後の社会が、出生にかんして余力をもっていなければならないということがわかります。

丙午さとし書

江戸後期になると、ひのえうま当年の出生忌避があまりに広く流布したために、これはいわれのない迷信なのだという打消しの言説が出されるに至ります。ことの詳細を庶民に説いているのは、『丙午明弁《へいごめいべん》』（楓川 1845）、『丙午弁《ひのえうまべん》』（雲礒痴人 1845）などの草子です。

この他に、寺社への絵馬の奉納もありました。絵馬は後援者を得て奉納され、庶民に広く情報を伝える告知として公共の場に掲げられました。さらにこれを、瓦版のような絵入りの一枚摺りにしたものも広く頒布《はんぷ》されました。

もともと根拠のあやふやな言説からの派生事象なのですから、知識人の立場から暦法の易学的根拠や故事を顧《かえり》みたり、厄禍を被らなかった実例を挙げるなどすれば、理を通して誇大な言い伝えを打ち消すことが可能だと考えられたのです。
そうした丙午さとし書のひとつ、『丙午さとしばなし』（１７８６（天明６）年）は、次のように始まります。ちなみに書き手は、自らを享保のひのえうま生まれで齢六十だと述べています。

奉献写書《うつしがき》　来年は丙午の歳、ひのえうまの元日なれば、この年に生まるる子は、必ずわざわいありと世間に専ら沙汰あり。甚大なる誤りなり。（国立国会図書館デジタルコレクション）

（絵馬の写し書き：来年は丙午の歳で、しかも元日が丙午日なので、この年に生まれた子には、必ず禍《わざわい》があると世間ではもっぱら取り沙汰されています。これは甚大な誤りです）

この他に、『丙午迷いさとしの説』（１７８６（天明６）年）には、「ことし産るる小児は、必ず災ひありと沙汰する人世間に多し。是《これ》大きに僻言《へきげん》なり」（国立国会図書館デジタルコレクション）（今年生まれる赤ちゃんには必ず禍があると取り沙汰する人が世間には多い。これはおおいに偏った言い分だ）とあります。1845（弘化2）年刊行の『丙午歳生れ子のさとし書』では、やはり当時60歳の天明のひのえうま生まれという尼僧《にそう》が切々と説いています。

何者のいひ出したりけむ、丙午年に生まるる子は、成人の後禍ありと。これ大きなる訛《か》説《せつ》なり。丙午に限りて人の運気にあしかるべき謂《い》いなし。必ず俗説に惑うことなかれ…中略… 天明丙午の頃も世上に専ら右の俗説をいひふらしたるによりて、時に臨みて産婦は大きにこれをうれへ、この中に愚かなる者はあらぬ事仕出て、一命にもかかはる事のありしと聞く。（国立国会図書館デジタルコレクション）

（誰が言い出したことでしょうか、丙午年に生まれた子には、成人してからわざわいがあると申します。これはたいへん歪んだ説です。丙午の人だけに運気が悪いというわれがあるわけではありません。絶対に俗説に惑わされてはなりません …中略… 天明のひのえうまのころにも、世の中にこのような俗説が言いふらされたために、その時になると産婦はたいへんこれを憂慮し、そのうちで愚かな考えをもった者は、あってはならないことをしてしまい、一命にかかわることさえあったと聞いています）

いずれも、生まれてくる子や妊婦の命を不条理に奪うことがないように、ひのえうまの前年と当年に出されたものです（富士川 1932、小林 1935、日野 1938）。

ただし私見では、一連の丙午さとし書には、根本的な事態の取り違えがあるように思われます。書き手の論拠は、ひのえうま忌避は誤った暦法解釈に基づくものだ、あるいは十干十二支にまつわる迷信など信じるべきではない、というところにあります。易学そのものを問題視しているからこそ、来年は丙午年で、しかも元日が丙午日だから厄難が大きい、などという話になるのです。このように迷信の易学上の誤りを指摘する打消しは、昭和初期の迷信研究に至るまで繰り返されました。

しかし、迷信が人びとに妄信されて生死にさえかかわった、とみる因習的悲劇説は正しくはありません。予言の自己成就について述べたとおり、この厄難の成否の焦点は、根拠の真偽ではなかったと考えられるからです。江戸期の庶民にとってひのえうま忌避とは、迷信そのものへの畏怖ではなく、いつしか特定女性にふりかかるようになった、婚姻をめぐる不利益という、実在する社会的事実を恐れることであったのです。

迷信の人ならぬ力を真に恐れていたのならば、川柳狂歌で詠《うた》いそやすという罰当たりなことなどするはずがありません。人びとを駆動していたのは、かりに誤った説であろうとも、この年の生まれの女児の将来の縁談に差し障りがあることへの危惧、およびそれを慮《おもんぱか》らない親に対する世間からの誹りであったと考えられるのです。それが社会的に構築された虚偽だと知ったとしても、実害の大きさは変わるものではありません。そうだとすると、各文の冒頭の「世の中には……という人がいる」という言説は、そういうことが本当にあったということを、無用に拡散するという逆効果を発揮したかもしれません。

加えて先述のとおり、ひのえうまが（女児の）間引きの口実として都合のよい風説だと捉えられていた、ということもありました。その場合も、人びとの行為の真の合理性は、迷信自体の真偽とは別のところにあったということになります。

幕末には全国に拡散

江戸期最後にあたるのは、**弘化のひのえうま**、１８４６（弘化３）年です。

ここからは人口統計の数字をみることができます。歴史人口学者の黒須里美（1992）は、明治期の最も古い人口統計である１８８６（明治19）年の『日本帝国民籍戸口表』から、この年の同年人口が前後の年より12・45％少なかったことを明らかにしています。黒須の算出法に基づけば、昭和のひのえうまの減少率のほぼ半分の規模ということになります。さらに、

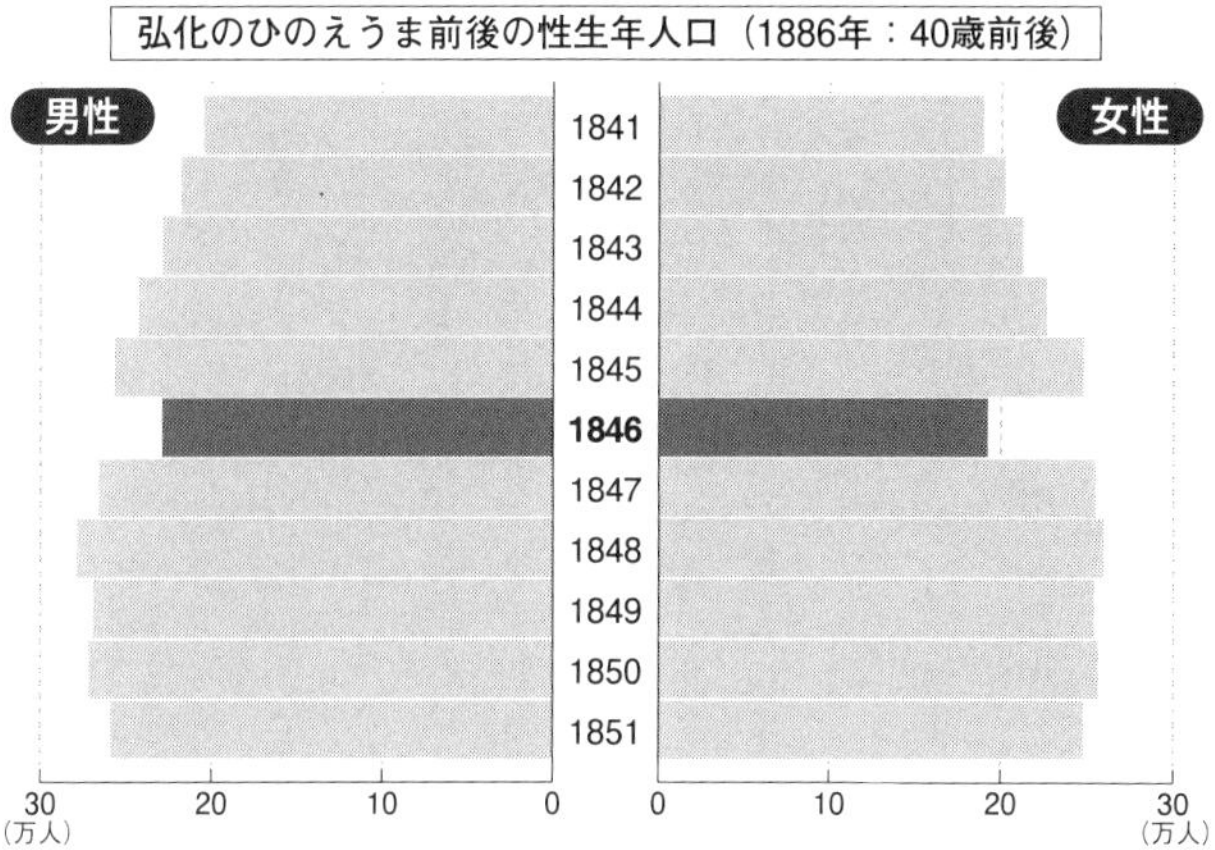

図1-2　弘化のひのえうま周辺の「人口ピラミッド」

この生年では女性の人口がやや少ないことから、出生年の届出操作、および出生後の女児の間引きの可能性が指摘されています。

図１-２はその記述をもとに、弘化のひのえうま40歳時の「人口ピラミッド」（部分）を作成したものです。[5] ここからは１８４６（弘化３）年において、間違いなく同年人口減が生じていたことがわかります。このことは、弘化のひのえうまにおいて、丙午さとし書や奉納絵馬による迷信否定が、十分な効果を発揮しなかったことを裏付けています。そして確かに、女性において出生減がよりはっきりしていることも読み取れます。１８０年前の江戸期のひのえうまのインパクトを、明治の人口統計データでかろうじて捉えた、意義深いグラフだといえるで

しょう。

黒須の研究のもうひとつの知見は、ひのえうま出生忌避は、強弱をもちながらも、このときすでに全国各地に広まっていたということです。地域差については、周縁部ほど人口減少が緩やかであるという傾向がみられ、「江戸から発信された迷信が当時の主要街道や海路を伝わって伝播《でんぱ》されたとするとその情報網が発達していた関東、東海、関西で反応が大きく現われていたことは推測できる」（黒須 1992）とされています。

この弘化のひのえうま女性たちの標準的な婚期は、幕末の安政〜慶応年間から明治初年ごろ（１８６０年代）です。大正・昭和期に庶民にささやかれていたのは、公武合体策として徳川十四代将軍家茂《いえもち》に降嫁《こうか》した皇女和宮《かずのみや》がこの年の生まれであり、やはり夫が早世しているという事実でした。その同世代の女性たちが被った厄難は、巷間ではどれほどのものだったのでしょうか。

明治初期の新聞記事では、弘化のひのえうま女性が20代後半であった１８７５（明治８）年４月８日の読売新聞に、次のような内容の投書をみることができます。「昔から言伝えになっておりますす丙午年の誕生の夫人は、皆人が忌み嫌いまして　…中略…　それが中には年をかくして嫁入りしまして、その亭主が時が来て死なれますと、それ、かの婦人は丙午だから亭主を食い殺したなどと申しまして言触らしますが、まだとにかく斯様な悪弊が抜けません。まことに困ります」

大きく時代が下った1924（大正13）年には、当時78歳になっていた弘化のひのえうま女性たちに対して、朝日新聞が投書を募集しています。そこでは次のような述懐がみられます。

この地方では、此の迷信を深く信じて居ります。中には自殺した人もありました。（朝日新聞2月18日）

丙午の女は夫を殺して自分ばかり生きて居るとかいろいろな御幣《ごへい》を担ぎますが、決してそんなことはありませぬ。実際私なども五人も極まり掛けて破談になり、一度などは見合まで済んでいよいよ祝儀をする事になってから駄目になったこともありました。（朝日新聞2月23日）

これらを概観するかぎり、幕末期、弘化のひのえうま女性の婚姻をめぐる差別は、それ以前と同様に深刻であったようです。もっとも、この時代の人たちは、現在のわたしたちの多くと同じように、ひのえうまの詳しい由来、つまり本書でみた、江戸期に日本でいわれ始めた迷信であるということなどについては、ほとんど知らなかったでしょう。ただ、ひのえうま女性との婚姻を忌避する俗言が、昔から伝えられてきたということだけが広く知られ、それに無思慮に追従していたものと推察されます。

以上のとおり、寛文に始まったひのえうま迷信は、享保、天明、弘化の繰り返しを経て、幕末までに、社会通念、社会常識として草の根まで広がり、婚姻、出生双方において、社会現象として明確な実態をもつようになったのです。

第2章

明治のひのえうまと近代日本

痕跡は意外に小規模

江戸期が終わり、明治維新から40年近くを経て、次に迎えたのが１９０６（明治39）年の明治のひのえうまです。

１２０歳を大還暦というのだそうですが、この年生まれの人（女性）たちが存命であれば、令和のひのえうまには、めでたくこれを迎えるはずでした。しかし残念ながら、数年前に全員亡くなられてしまいました。若い人たちにしてみれば、昭和ですら生まれる以前の歴史なのかもしれませんが、現在の壮年以上の人びとにとっては、明治のひのえうまは歴史の彼方にあるわけではなく、わずかながら人生が重なっていた世代にあたります。

青島幸男《ゆきお》は、１９３２（昭和７）年生まれの「マルチタレント」で、参議院議員から後に東京都知事を務めた人です。その小説家としての著作に、１９８１（昭和56）年の直木賞受賞作『人間万事塞翁が丙午』（青島 1981）があります。主人公のモデルとなったのは著者の母ハナで、明治のひのえうま女性です。題名のとおり、昭和の戦前戦中期に波乱万丈の人生を生き、やはり夫と早くに死別するというストーリーです。青島ハナは１９８４（昭和59）年に77歳で亡くなっています。

この他、この年の生まれには、文学座の『女の一生』で知られる女優の杉村春子、ホンダの創業者で実業家の本田宗一郎、ノーベル物理学賞を受賞した朝永《ともなが》振一郎などがいます。作家の坂口安吾もこの年の生まれであり、本名は炳五《へいご》といいます。また昭和期に財界人、政治家として活躍した人として、藤井丙午《へいご》の名前が残っています。男子でよかったと安堵《あんど》した親が、開き直ってひのえうまにちなんだ威勢のよい名前を付けたものでしょうか。

この1906（明治39）年には、日本はすでに世界の文明国の仲間入りをしていましたので、正確な人口統計を知ることができます。それによると、この年の出生数は139万4千295人です。ただし出生数は前年比でおよそマイナス5万8千人（約4％減）、単年出生減の規模は、昭和のひのえうまの5分の1ほどにすぎません。このことは明治以降の人口動態統計における、年間出生数の推移グラフ（アジア太平洋戦争の戦中期3年分は欠測）をみれば一目瞭然です（図2-1）。

日露戦勝の子たち

じつは、これには日露戦役が影響しています。1904（明治37）年2月の開戦からおよそ1年半にわたり、中国東北部および日本周辺海域で展開されたこの戦役は、ひのえうまの前年9月にポーツマスで講和に至りました。

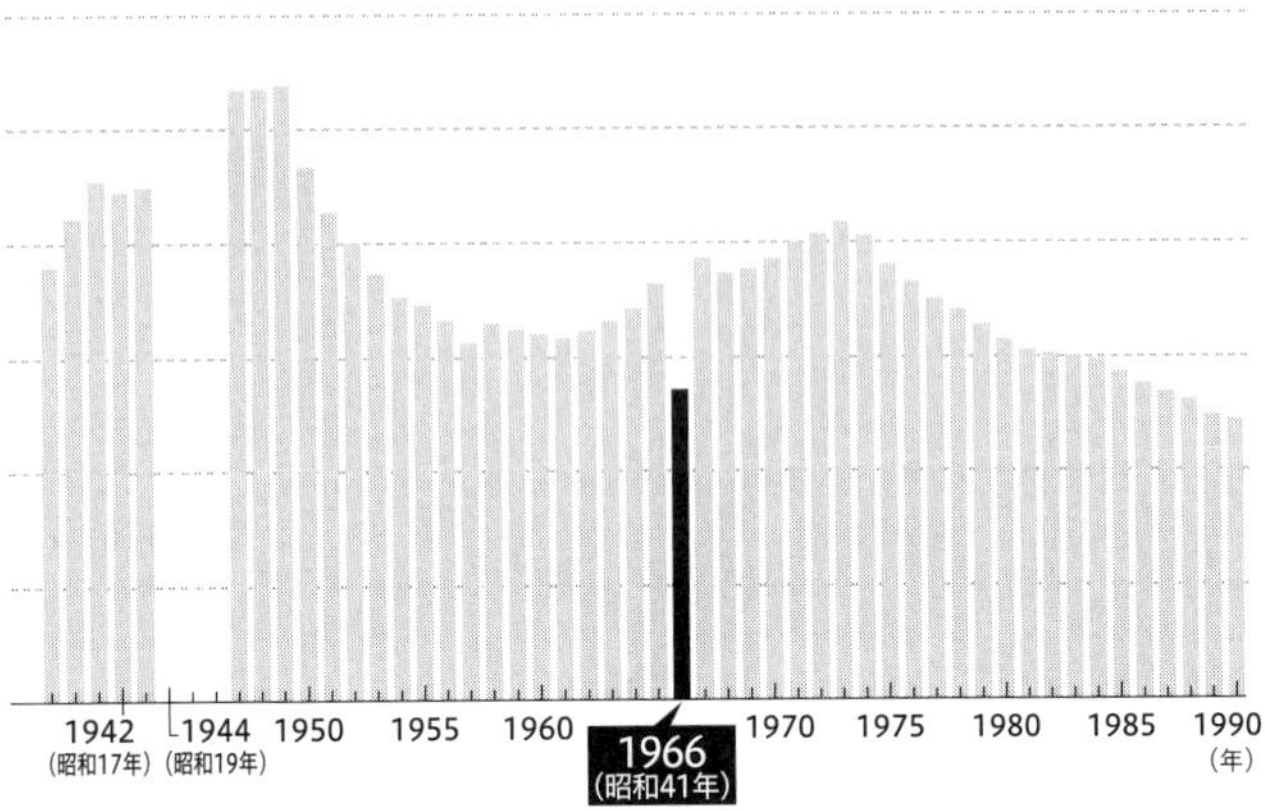

日本が大国ロシアに勝ったというのは、今の国際情勢を思えば奇跡的なことだと感じられます。これを歴史小説として描いた司馬遼太郎の『坂の上の雲』（司馬 1973）でも、まことに小さな極東の新興国日本が、かろうじて勝ちを得たものとされています。

明治日本が総力を挙げて臨んだこの戦役には、当時の成人男性の４・６％にあたる約１０９万人もの壮丁《そうてい》が、主に徴兵により動員されました。子どもをもうける年齢の父親たちが国内に不在であった影響で、１９０４（明治37）年と１９０５（明治38）年の出生数は、それ以前よりも少なくなっています。

結果的に、ひのえうまの１９０６（明治39）年の出生数は、人口ピラミッドに切り欠きを残

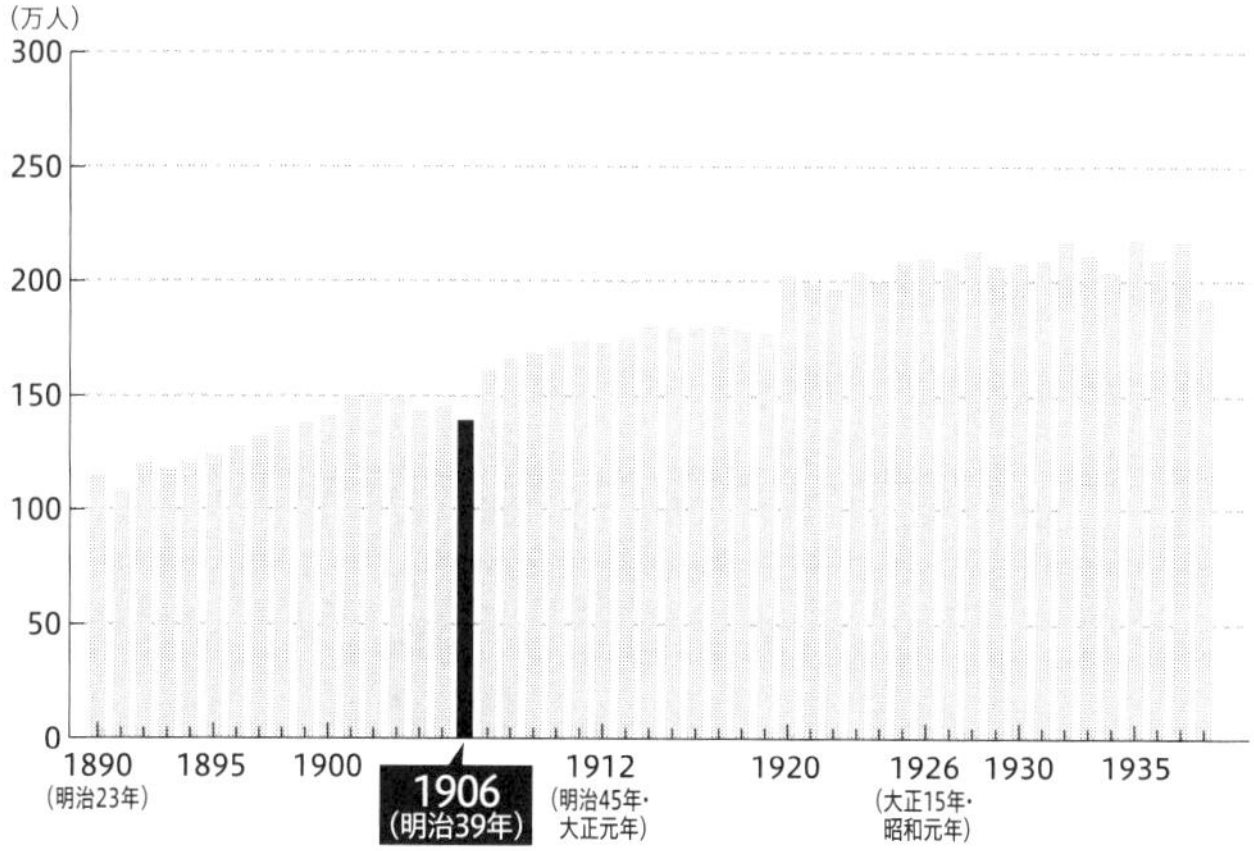

図２-１　明治以降の年間出生数の推移

すには至らず、日露戦役の影響を受けた３ヵ年の出生数がそれ以前よりもやや少なく、その後は翌年の急回復の後、緩やかな増加に転じるという段差のような形状を確認できるにとどまります（図２−２）。そのことは同じ年齢幅の新生児出生数（人口ピラミッドとほぼ相同の形状となります）を、昭和ひのえうま前後のもの（図２−３）と比較してみるとはっきりわかります。

明治時代の人口学者の呉《くれ》文聰《あやとし》（1911）は、このときの出生数の変動をいち早く分析しています。それによると、この時代には季節によって出生数の増減（冬から春に出生が多く、夏は少ない）が大きかったのですが、それを考慮しつつひのえうまの１９０６（明治39）年について月単位で前年と比較すると、年の前半から中盤に

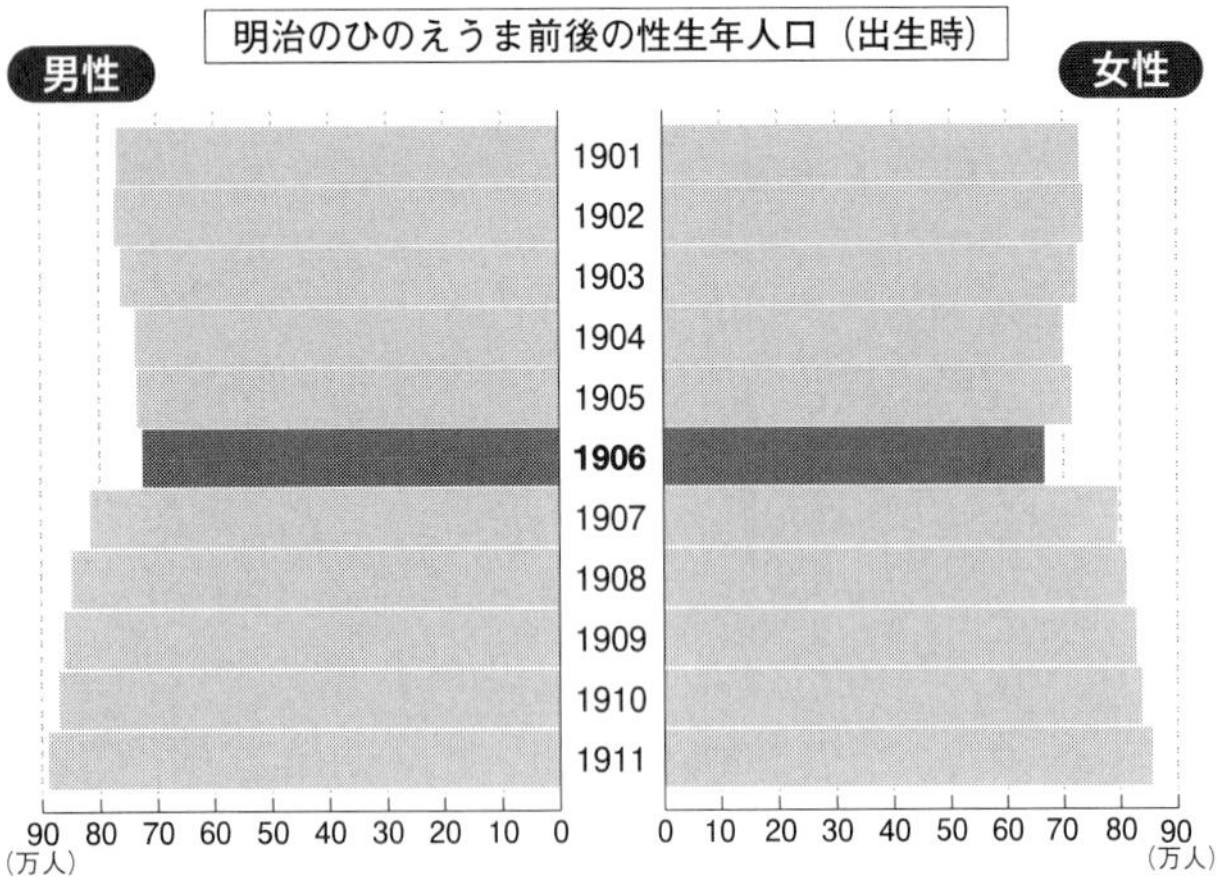

図2-2　明治のひのえうま前後の出生数

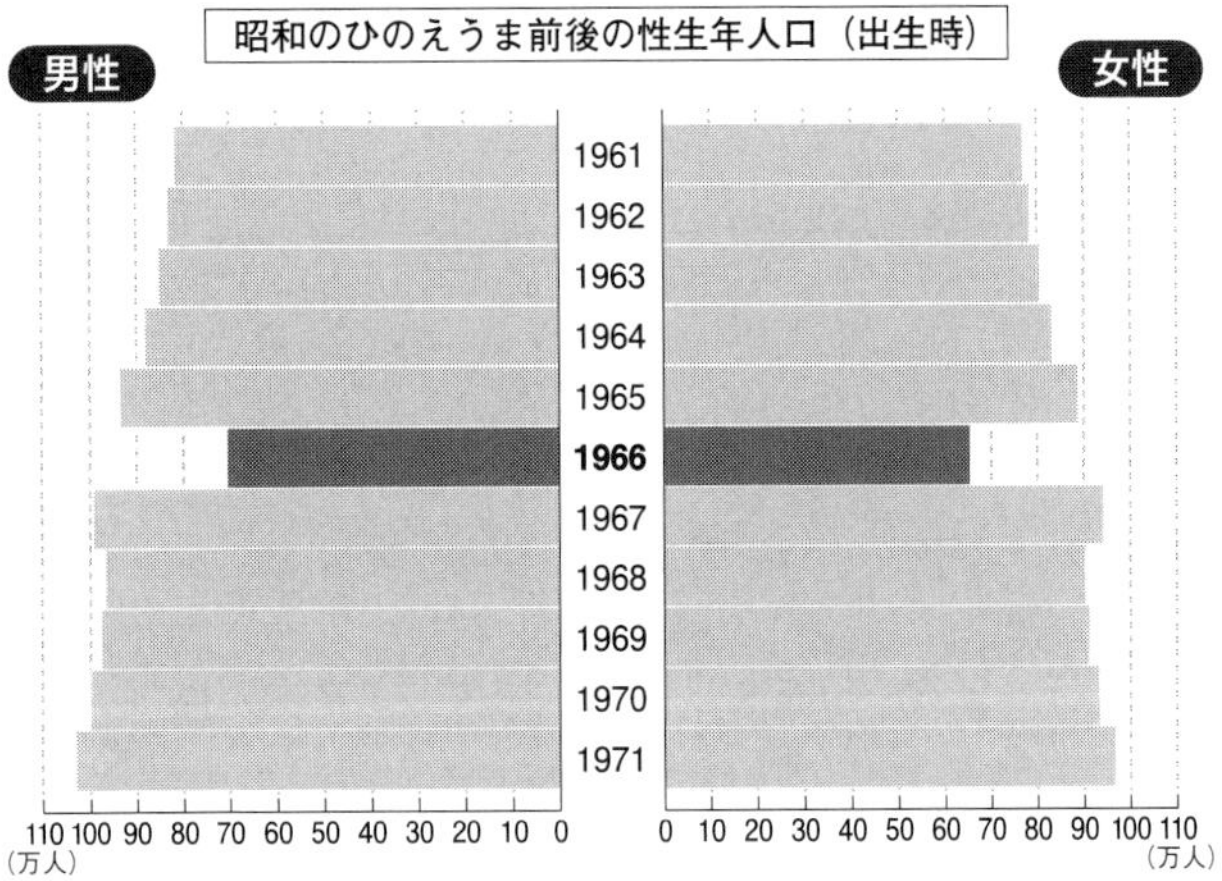

図2-3　昭和のひのえうま前後の出生数

は確かに出生数が抑えられているのですが、9月から12月は、むしろ前年よりも出生数が若干増えていたといいます。

これは日露凱旋によるものだと考えることができます。ポーツマス条約締結が1905年9月ですから、男性伴侶の帰郷後に受胎すると、およそ280日の妊娠期間を経て、ひのえうまの年の下半期に出産という計算になるのです。

このような時代状況のため、明治のひのえうまにおいては、赤ちゃんの産み控えは必ずしも多くなく、昭和のひのえうまや弘化のひのえうまほど顕著な痕跡を残さなかったのです。当時の親たちの心情としては、この年の女の子の出生は避けたいが、出征から男性たちが戻り、人口増強的な国家政策の後押しもあるなか、早く子どもを得たい、という相反する考え方が拮抗《きっこう》していたのでしょう。

女児の祭り替え

呉は、この年の出生数の男女の偏りにも踏み込んでいます。性比（女性を100とした男性の比率、現代人の場合105から107が標準値）については、年単位でみると108・6と男子の出生が多くなっています。ただし、これについても月ごとにみると、9月から12月は例年より女子比率が低く、相殺するかのように翌年の1月から3月には女子比率が高くなっています。呉はこれを、出生届の操作によるものだとみています。曰く、

丙午の年に生まるる子供に就ては、従来種々の俗説を唱うるものあるが為め、父母之を忌避し（明治）三十九年に生れたる生児も暫《しばら》く之が届出を為さず、（明治）四十年に至りて之を届け出たるもの多々ありしなるべし。旧時は之を称して生れ年の祭り替えと唱へり。今日開明の世、此ことあるべしとも思はれざりしも、実は今日に在りても尚、此ことありて然りしものなるべし（呉 1911、カッコ内は引用者補）

当時、出生後の役所への届出は、戸籍法により義務付けられていました。けれども自宅出産がほとんどだったので、生年月日の届出についてはある程度の自由度がありました。そこで女児については、生まれ年の「祭り替え」と称する対応がなされたというのです。

昭和期にあらためて人口動態統計を分析した人口学者の村井隆重もまた、「当時は今日のような受胎調節はいうまでもなく行われていなかった。人工妊娠中絶も同様である。したがって丙午の子を生むまいとすれば性生活を中止する以外に方法はなかった時代である。わず

かに残された庶民の知恵は出生年月をごまかして届出をすることだけであった」（村井 1968）としています。同様の指摘は、計量経済学者のロールフスらのデータ分析（Rohlfs et. al 2010）からもなされています。

だとすると、明治のひのえうまの年の後半には、実際は届出数よりも多くの赤ちゃん（女児）が生まれていたということになります。その数はおよそ2万6千人にのぼるとされます（村井 1968、伊藤達也・坂東里江子 1987）。なお明治以後、間引きは法により厳しく禁止されており、民間にはわずかに残存していたともいわれますが、その痕跡は人口動態統計には表れていません。

以上から、人口動態統計にみられる5万8千人の出生減の4割ほどは、出産そのものの回避ではなく、日露凱旋後の妊娠で生まれた女児の届出操作によるものだとみることができるのです。この数を勘案すると、１９０６（明治39）年の性比は、前後の年と同程度になります。

ひのえうまの生まれを避けるということは、各回のひのえうまで一貫しているのですが、その主たる方法は、江戸期は子流し・間引き、明治は女児の祭り替えと、全く異なっていたのです。後にみるとおり、昭和のひのえうまでは、いずれとも異なる出産回避法が用いられることになります。

ところで、祭り替えという言葉については、少し掘り下げて考えるべきことがあります。生まれ年を違う年にするというのは、いったいどういう真意によるものだったのでしょうか。もちろん、ひのえうま生まれを避けたわけですが、親たちは本心から「旧時」に倣《なら》って天の理《ことわり》を司る「神」に対して祭り替えを宣言し、易暦上の悪厄を逃れたのでしょうか。それとも便宜上のこととして虚偽の出生届を行い、女児に将来生じかねない社会的な不利益を回避しようとしたのでしょうか。前者は民俗学的あるいは宗教学的な因習行動ですが、後者であれば、社会学的に合理性のある選択がなされたという解釈になります。

このときの親たちは、明確にこれら二つの動機の違いを意識していたわけではないかもしれませんし、動機は単純ではない可能性もあります。しかし私はやはり、人びとが本当に恐れていたのは、歴史が構築したひのえうまの社会的作用のほうだったのではないかと考えます。そして事実、このときの祭り替えのおかげで、後の悲劇を免れた女性たちもいた、ということになります。

なお祭り替えを実践した親たちは、江戸期の人というわけではなく、明治10年代、西暦でいうと1870〜1880年代の生まれにあたります。これは、すでに小学校の義務教育が法令で定められていた、近代黎明期の生年世代です。

明治のひのえうまについては、地域ごとの出生減の異なりも分析されています。それによると、東京および関東一円で出生数の前年度比減少率と性比の偏り（男子出生が多い）が大きく、中国、九州地方ではひのえうまのインパクトは比較的小さかったようです（呉 1911、黒須 1992）。周縁地域にこの迷信が確実に行き渡っていなかったことが示唆される結果ではあるのですが、都道府県ごとのばらつきはさほど顕著ではありません。

むしろ、ひのえうまの出産回避（出生減）と届出操作（性比の偏り）が、北海道から鹿児島まで広範に確認されていることのほうが重要だといえるでしょう。近代国家としての歩みを始めた日本が、全国からの徴兵によって日露戦役に臨んでいたこのとき、ひのえうま出生減もまた、全国的な広がりをもつ社会現象となっていたのです。

モダンガールを翻弄した新聞の大衆煽動

明治のひのえうま女性たちが、10代後半から20代前半の婚期を迎えたのは、大正デモクラシーを経た大正末から昭和初年ごろです。中学校の歴史教科書には、この時期の日本の進歩的、前衛的な若者文化として、「モボ・モガ（モダンボーイ・モダンガール）」が登場します。

図 2-4　昭和初期のモガ

じつは明治のひのえうま女性たちは、ちょうどモガの世代にあたるのです（図2−4）。

そもそも、明治のひのえうまのインパクトを出生減でみると、弘化のひのえうまよりも小規模になっていたわけですから、大正期の社会の近代化に伴って価値観が一段と合理化していけば、迷信の社会的影響力は希薄化してもおかしくはありません。

ところが、実際はそうならなかったのです。

彼女たちについては、デモクラシーはどこ吹く風で、ひのえうまが理由で縁付かない実例や、世をはかなんで自ら命を絶つ事件が、新聞でさかんに取り上げられています。

きっかけは、１９２４（大正13）年2月10日の朝日新聞に、ひとつの特集記事が掲載されたことでした。その見出しには「ことし十九歳の迷信に悩む娘たち　縁が遠いと『丙午』をかつぐ　愚かなる迷ひ心」とあります。

記事では、明治のひのえうま女性が婚期に至って困難に直面し始めていることが紹介されています。その末尾では「丙午の婦人で幸福な実例があるならば投書を歓迎いたします。迷信を打破し、下らぬことの為に悩んでゐる、若い女性の胸に安心と光明とを与える為に掲載したいと思ひます」という呼びかけがなされました。先述した弘化のひのえうま女性の実体験は、この呼びかけに応じた投書だったのです。

同紙では同月中3度にわたり、送られてきた投書や取材事例が紹介され、連載特集のようになっています。そこでは「今年の卒業生に上の学校に行くものの多いわけ」という見出しで、縁付かないがゆえに、不本意ながら高等教育に進学せざるをえない女性たちが多いという、思いがけない余波なども報じられています。

それにしても、ここまで大きく報道してしまうと、かえって寝た子を起こすことになったのではないか、と心配になります。案の定、翌月からその先数年にわたり、新聞紙面では、全国各地における、多様な社会階層のひのえうま女性たちの悲劇や事件の報道が続きます。

【1924（大正13）年。明治のひのえうま女性18歳】

3月9日

「丙午の女の自殺　気の毒な処女のもだえ」（朝日新聞）
東京の19歳の女性が、服毒自殺。翌日には家の雇人や友人から丙午はお侠《きゃん》だ、嫁にいけない、などといわれたことを苦にしたものと続報されています。
3月20日
「丙午を悩んでまた自殺した娘　本郷菊富士ホテルの淑徳女学校を卒業した娘」（朝日新聞）
3月24日
「薮の中から死体　死後廿日《はつか》位の若い女　丙午の迷信から自殺か」（朝日新聞）
3月29日
「主人夫婦を焼き殺さんとす　丙午同士が恋の争い」（読売新聞）
9月5日
「丙午の女　二人とも自殺」（読売新聞）

【1925（大正14）年。明治のひのえうま女性19歳】

9月8日

「稲村ケ崎の同性心中　丙午と病気に」（読売新聞）

9月24日

「ひのえ午娘失恋自殺」（読売新聞）

毎日新聞の記者であった今野圓輔《こんのえんすけ》（1965）によれば、この年の8月20日には、秋田県の19歳の女性が、丙午で縁遠いことを悲観し、養蚕室で服毒自殺を図ったという事件があったとされます。

【1926（大正15／昭和元）年。明治のひのえうま女性20歳】

1月30日

「丙午の女教員厭世して自殺　幾度あつた縁談も　迷信のため破談となつて」（朝日新聞）

7月3日

「丙午の姉に同情して心中す　小田原の旅館に泊つて　大阪から来た姉妹が」（朝日新聞）

8月2日
「恋の丙午女失業青年と心中図る　高尾山の宿屋で猫イラズ　一所に葬れと遺書」（読売新聞）

8月16日
「中学校長の娘が丙午ゆえ男に欺《あざむ》かる　親兄弟に疎《うと》まれ自殺を図る」（読売新聞）

8月22日
「釣人の頭へ降つて来た娘　自殺を図つた丙午の女助かる」（朝日新聞）

【1927（昭和2）年。明治のひのえうま女性21歳】

5月9日
「七度もあつた縁談破れて　あはれな迷信の犠牲　身投げ女の身許《みもと》しらべ」（朝日新聞）

9月19日
「燃ゆる緋の帯に縛り合つた姉妹心中　姉の不縁に同情し今朝鉄道へ飛び込む」（読売新聞）

【1928（昭和3）年。明治のひのえうま女性22歳】

1月4日
「高島田の女、抱合い心中　どちらも丙午生れの悩みを書置」（朝日新聞）

8月17日
「丙午娘の切腹　迷信絶えず悲劇続出」（朝日新聞）

【1930（昭和5）年。明治のひのえうま女性24歳】

10月3日
「降る縁談が皆纏《まと》まらず　丙午生まれの美人自殺」（読売新聞）

【1931（昭和6）年。明治のひのえうま女性25歳】

3月2日
「丙午娘の自殺」（読売新聞）

やや時代が下りますが、1936（昭和11）年に起きた阿部定《あべさだ》事件は、やはり新聞で大きく報道され、後に小説や映画の題材にもなりました。このとき、情のもつれから男性を殺したというこの烈女も、明治のひのえうま生まれではないかといわれました（これは事実誤認ですが）。

ラジオの普及以前のこの当時、新聞は最も影響力のある情報媒体でした。翌朝には全国に伝わるという伝播の範囲の広さとスピードは、江戸期の川柳や戯曲、瓦版などとは比べものになりません。そこにおいて、これだけ数多く報道されれば、ひのえうま女性が被る厄難が、リアルタイムで広く大衆の知るところとなったことは明らかです。

一般に、女性の生まれ年が云々されるのは、そのプロフィールを見極める機会であるお見合いの際です。釣書《つりがき》（縁談の相手に向けた履歴書）を交わすということをするのですが、実質上は、これがひのえうま厄難が作動する局面です。この時代、7割以上が見合い結婚であり、加えて親戚や知人の紹介もありましたので、「明治39年の生まれは、新聞で騒がれているあのひのえうまだ」ということは、昭和初年における若い女性たちが縁付くにあたって、避けがたい話題となっていたことが想像されます。

この間、識者によるひのえうま迷信打破の論説が新聞紙上にしきりに取り上げられ、幸せな人生を送っている著名な（弘化の）ひのえうま女性たちが紹介されたりもしています。1

924（大正13）年2月22日の朝日新聞の見出しには、「迷信を葬れ　呪はしき旧思想の丙午　一笑に附すべきものだ」とあります。

こうした反証は、丙午さとし書とよく似たものにみえますが、出生ではなく婚姻のタイミングで、迷信打消しの情報が出されたのは、後にも先にもこの明治のひのえうま女性たちのときだけのことです。しかし、当初からマッチポンプ式の拡散報道となっていた嫌いもあって、かえって話題性が高まる結果となったようです。

なお、明治のひのえうま女性の婚姻の実態については、後になって経済学者の赤林英夫（2007）が国勢調査などを用いて、24歳、29歳、34歳、44歳時点での有配偶率を前後の生年間で比較し、ごくわずかながら配偶者がいない人の比率が高かったことを確認しています。中年期（38歳時）における就業率も、その前後の生年より3％ポイントほど高く、結婚機会の喪失が就業で補われたものと解釈されています。彼女たちがその婚期において、さまざまな意味で不本意な条件の相手に、渋々縁付かざるを得なかったというのは、おそらく事実なのでしょう。ただし統計データでは、誇大な報道に見合うほどの、明らかな婚姻の不利益の痕跡を確認できるわけではありません。

後々まで語り継がれた大正末期、昭和初期のひのえうま女性の悲劇は、深刻な社会的影響を及ぼすものでした。もっともそれは、実態として明治のひのえうま女性の後の人生に禍根《かこん》を残したものというよりは、大衆煽動による一過性の世相の現象として「実在」していたのです。

　戦後の１９４９（昭和24）年、文部省（当時）の肝いりで公的に活動していた迷信調査協議会の報告書籍において、医師であり迷信研究者でもあった東京大学教授日野壽一《じゅいち》（前出の日野九思は同人の筆名であると考えられる）は、昭和初年におけるひのえうま迷信が引き起こした一連の弊害を振り返り、次のような憂いの言葉で締めくくっています。

> 丙午の説はどの方面から見ても全く妄誕《もうたん》無稽《むけい》な迷信である。かかる甚《はなはだ》しい迷信によって明治三十九年生れの百万の女性中、或は不運な生れ合せに涙を呑んで不相応な結婚に甘んじ、或は一生独り寝の寂しきに泣いた者は何十万人かはあったのであろう。甚しいのは自ら生命を断ってこの迷信を呪った者も何百人かはあった。更に徳川時代から堕胎・幼児密殺によって生命の若芽を摘みとられ、或は不幸な一生を送った女性の数は幾百萬なるかを知らない。迷信中その直接の惨害の甚しいのは丙午の右に出るものはあるまい（日野 1949）。

大正から昭和にかけての日本社会の近代化は、ことひのえうま迷信にかんしては、合理的価値観の浸透による解消の方向へは進まず、全く反対に、広く普及した新聞の報道により、かつてないデマの大衆煽動を引き起こしていたのです。これにより、ひのえうまに生を享《う》けた女性には、婚期において厄難が降りかかるものだという風聞は、江戸期以上にしっかりと社会に根付いていくことになりました。

60年周期の社会的連鎖

江戸初期から昭和戦前期に至るひのえうまの歴史的経緯は、以上のとおりです。そこにみられる社会学的な構造を、あらためて考えておきましょう。

ひのえうまは、二つの社会現象で構成されています。ひとつは特定の年の出産忌避であり、もうひとつはその年生まれの女性の婚姻（および夫婦関係）が、社会的な力によって妨げられるという厄難です。これらが、おおよそ20年と40年という長いインターバルをもって、周期的に繰り返されてきたのです。

表2–1は、5回のひのえうまの特性を表にまとめたものです。

それぞれのひのえうまを単位としてみると、二つの現象の規模はさまざまでした。大飢饉の最中であった天明のひのえうま、日露戦役直後であった明治のひのえうまでは、出生減の規模は小さいものでした。にもかかわらず、そのときに生まれた女性が婚期において被った厄難は、どちらも甚大でした。後にみていくとおり、昭和のひのえうまでは逆に、出生減は甚大でしたが、女性の厄難は極めて小さいものでした。これは同年の出生数の少なさと、婚姻をめぐる後の困難との間に、社会の仕組みの繋がりがほとんどないためです。

けれども、前のひのえうまの女性たちの厄難と、次のひのえうまの出産忌避をセットとして捉えるならば、そこには因果性があります。元禄年間に戯作や草子が世に出始めたことは、次の享保のひのえうまにおいて、人びとが出産忌避を始めるきっかけとなりました。その享保のひのえうま、次の天明のひのえうまに生まれた女性たちの婚姻を揶揄する川柳は、『丙午明弁』が出され、丙午さとし書が頒布されるに至った、弘化のひのえうまの出生減を導いたのです。

婚姻をめぐる不利益を逃れる機会は、およそ20年を遡《さかのぼ》った時点の出産なのですが、時間軸を前向きにみていくと、40年後の次のひのえうまにおいて、前回の「教訓」が参照されるかたちになります。しかもそれは、対象となるひのえうま女性がいない間にも繰り返し話題にされ、重大な言い伝えであるかのように「醸成」されて拡散したのです。それはもちろん、

	年代	社会現象
寛文のひのえうま	出産忌避：1666（寛文6）年	記録なし
	婚姻厄難：1683年頃（天和年間）	不詳
享保のひのえうま	出産忌避：1726（享保11）年	子流し、妊婦の誤死
	婚姻厄難：1743年頃（寛保年間）	不縁、誹謗中傷
天明のひのえうま	出産忌避：1786年（天明6）年	子流し、妊婦の誤死、間引き
	婚姻厄難：1803年頃（享和年間）	不縁、誹謗中傷、自死
弘化のひのえうま	出産忌避：1846（弘化3）年	堕胎、間引き、出生年ごまかし 前年比約６～8%減
	婚姻厄難：1863年頃（文久年間）	不縁、誹謗中傷、自死
明治のひのえうま	出産忌避：1906（明治39）年	届出時期調整（祭り替え） 前年比約４%減
	婚姻厄難：1925年前後 （大正末、昭和初期）	不縁、連続的な自死

	言説	備考
寛文のひのえうま		八百屋お七生まれる
	草紙、俳諧句集の記述	西鶴「恋草からげし八百屋物語」
享保のひのえうま	『婦人養草』、俳諧詩歌、戯曲、 浮世草子（八百屋お七）	
	戯曲、草紙、川柳	
天明のひのえうま	『良姻心得草』、さとし書、 奉納絵馬、川柳	天明飢饉
	川柳	
弘化のひのえうま	『丙午明弁』、さとし書、 奉納絵馬	皇女和宮生まれる、 人口ピラミッドに切り欠き、 性比の偏りあり
	川柳	幕末動乱
明治のひのえうま	新聞報道	日露戦役、ポーツマス講和、 人口ピラミッドは段差状、 性比の偏りあり
	過熱新聞報道	モダンガール、大正デモクラシー

表２-１　５度のひのえうまの概略

法的に定められた厳密な禁止事項であったわけではありません。しかし、江戸や明治の人びとを、現在わたしたちが考える以上に強く拘束するものとなったのです。

そしてもうひとつ、ひのえうまの歴史で重要なことは、この迷信をめぐっては、常にその時代の主要な大衆媒体（戯作、草子、摺り物、絵馬、新聞）によって、煽りとさえいうべき、過剰な情報拡散があったということです。その拡散が毎回功を奏したことが、この迷信を個人の判断を超えた社会的事実とし、その規模を次第に大きくしていったのです。そして、明治のひのえうま女性たちの大正末から昭和初年の悲劇は史上最大の規模となり、次の昭和の大出生減の布石となったのです。

もちろん、どのような話題でもこのように拡大しえたというわけではなく、ひのえうまが、婚姻と次世代の再生産という、ほとんどすべての男女の人生上の関心事項にまつわる迷信であったことが、大きな社会的反響をもたらす不可欠の要素であったといえるでしょう。

ひのえうまが必要とされたのはなぜか

考えてみれば、ひのえうま迷信のために叶えることができなくなる理想とは、女性が男勝りになることをよしとせず、嫁ぎ先に望んで迎えられ、離縁されたり再婚を繰り返したりすることなく、世間に恥じない子を産み、夫唱婦随《ふしょうふずい》で平穏に結婚生活を送ることこそが女性の幸福だという理念（イデオロギー）に他なりません。また、ひのえうま出生を回避する主要な手段であった間引きは、次子以降の女児を育てないことで、イエを守るための営為でした。

これらすべての背後には、因習に基づく家父長制的な価値観をみることができます。家父長制というのは、男性支配の家族・氏族システムに、女性が婚姻と子孫形成によって従属するという考え方です。ひのえうまをめぐる女性の不幸とは、言い換えれば、家父長制のイデオロギーに沿わない人生の歩みを強いられることの不利益に他なりません。

こう考えると、江戸期のひのえうま忌避は、家父長制イデオロギーから逸脱する人生をタブーとみなし、それを体現せざるをえない少数のスケープゴートを無理やり作って、これを苛《さいな》むことで、イデオロギーの拘束力を強固にしていたものとみることができます。そして秩序を乱す魔女狩りのターゲットは、良俗を惑わせる美しい容姿をしているのが相応《ふさわ》しいというわけです。

強調しておきたいのは、ひのえうま迷信は、婚姻をめぐる困難の場合でも、誤って妊婦が命を落とすことさえあった子流しでも、男女の性比に明らかな偏りがあった嬰児の間引きでも、明治の女児の祭り替えでも、常にマイノリティ（弱者）の立場におかれた女性に対して、一方的に力を加えるものであったということです。とくに問題とすべきは、その社会的圧力が、異性との配偶と次の命の出生というセックス（女性性）に対して、直接向けられていたということです。

江戸期から昭和初期に至る日本社会において、ひのえうま迷信は、なぜこれほど拡大したのか？

その社会学的な答えは、60年に1度、女性だけが該当するという、120分の1の確率の不運を、実態のあるものにして世間に周知させることが、男尊女卑、儒教的家族観に基づく封建制度の旧来秩序、すなわち家父長制を維持するはたらきをもっていたためだ、ということになります。

翻《ひるがえ》っていえば、寛文から明治までの5度のひのえうまは、いつの時代も家父長制が強い拘束力をもつ社会であったがゆえに、広く大きな社会現象に発展したのだとみることもできるでしょう。そして、明治のひのえうま女性の婚期における悲劇は、この構造が昭和初年に至っても依然として生きていたことを物語っています。

もっとも、性別や年齢に基づく差別が許されず、当人たちの考え方を尊重した多様なパートナーシップも認められ、子どもをもうける際に、親となる男女が親族などの意向を慮ることが少なくなった社会、すなわち現代日本社会では、この構造を成立させていた社会基盤は、もはや強固ではないように思われます。そもそも、封建秩序を維持するための生贄《いけにえ》など、もはや必要とはされないはずです。

ところが、５度の繰り返しを経て、その存在を確固たるものとしていた大きな社会的循環構造は、１９６６（昭和41）年の昭和のひのえうまにおいて、「そんなものは、今の時代にはもはや再来しない」と楽観視されるなか、史上最大の出生減を現出させることになったのです。

第3章

出生秘話

——昭和のひのえうまの真実

「子どもは2人」の時代に

ここからは、本書の主役である1966（昭和41）生年、**昭和のひのえうま**についてみていきましょう。

私は、自分自身がこの年の生まれであることから、わりといろいろなことを知っているつもりでいました。けれども、公的統計データや文献をあらためて調べていくうちに、思いがけない事実がいくつもわかってきました。しかも、それぞれに社会学的な背景や原因があるのです。

まず、人口動態の中長期トレンドから確認します。

日本の人口が、人口急増期から少産少死の人口停滞期に転じた第二の人口転換は、1960年前後であったとされています。確かに合計特殊出生率は、1950年代後半以降において人口置換水準（2・07前後）を下回り始めているので、昭和のひのえうまは、日本が少子高齢化期に向かい始めて間もないころの出来事だということになります。

ただしこれは、あくまで現在の視点で振り返った見方だといえるでしょう。1966（昭和41）年当時、日本の総人口は1億人に向けて依然として緩やかに増加を続けていました。そのため、政策上も人びとの社会意識のうえでも、むしろ出生数を増やさないことが目指されていたのです。これはとくに、産業化が進んでいた都市部よりも、直系同居の家族形態が残存していた地方において、さかんにいわれていました。

ですから、子どもの数を抑制するといっても、ゼロ人か１人かという線をめぐる昨今の少子化対策とは焦点が異なっていて、３人以上の多子世帯を増やさないことが、このときの政策指針でした。

１９６０年ごろには、男性が稼ぎ手、女性は主婦という戦後家族モデルの普及により、核家族世帯の割合が６割を超え、都市部では夫婦と子ども２人の標準世帯が４割に至りました。これを受けてこの時代、そのライフスタイルに合う、51Ｃ型などの２ＤＫの公営集合住宅や公団住宅がさかんに建設されていました。築後およそ60年を経て、各地で次々取り壊されている、あの古いタイプの４、５階建ての集合住宅です。

戦後家族モデルの普及に伴って、この時代には「三歳児神話」（子どもの発達には3歳までが重要なので、母親はその間は子育てに専念すべきであるという考え方）に象徴される、専業主婦による手厚い乳幼児家庭教育の実践が称揚され始めていました。加えて、今もいわれる貧困世帯における子育ての経済的負担の大きさも課題でした。

そのため、子どもの数は計画的に間隔をおいて２人までに留めるのが望ましい、と考える

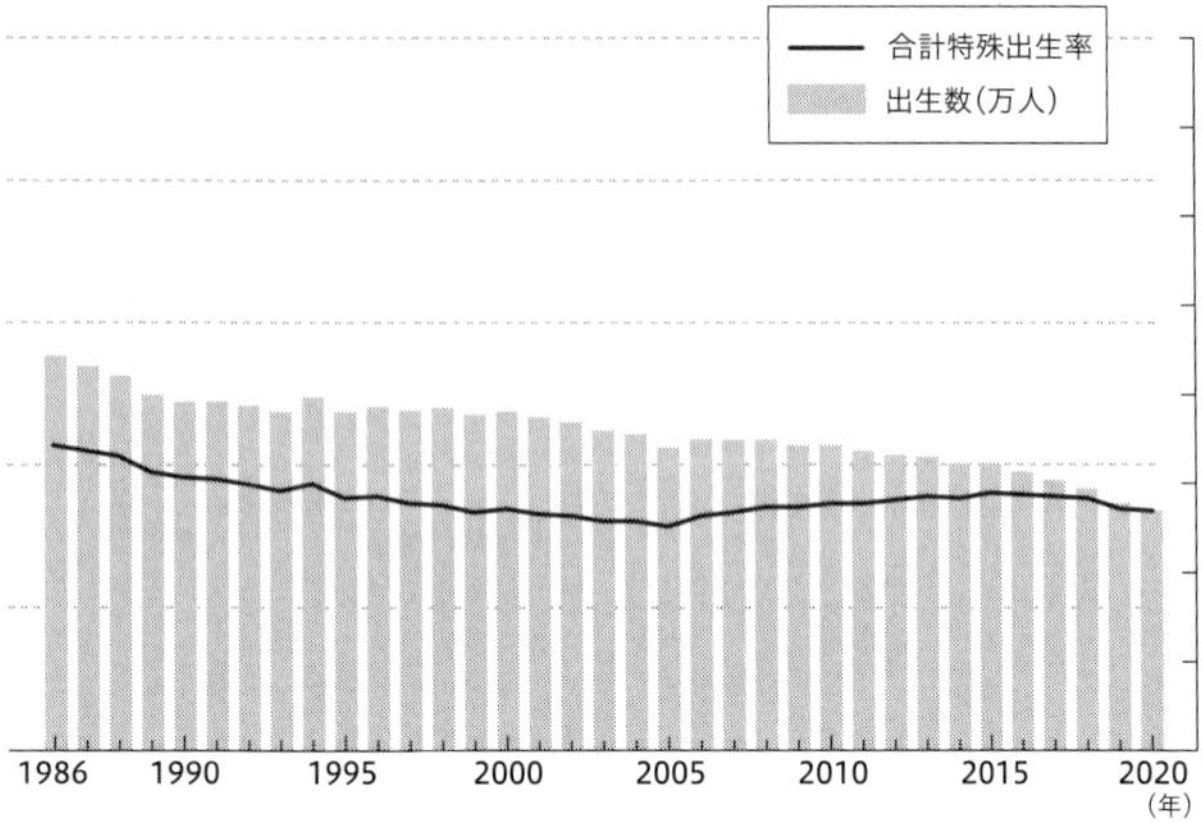

夫婦が多くなっていたのです。この出生抑制の圧力は、その数年後の団塊ジュニア世代まで続きました。社会学者の落合恵美子（1994）は、これを「二人っ子革命」と呼んでいます。

そういうわけで、出生数が少なくなることは、あながち悪いこととされていたわけでもなかったのですが、この年の合計特殊出生率は、前代未聞の低水準、1・58を記録しました。この数字は、平成の初めに少子化が問題化し始めたとき、あのひのえうまの年さえも下回る「1・57ショック」と繰り返し参照されました。

消えた赤ちゃんは16万4千人

あまり知られていないことですが、1966（昭和41）年の出生減は、前後の年の出生増と

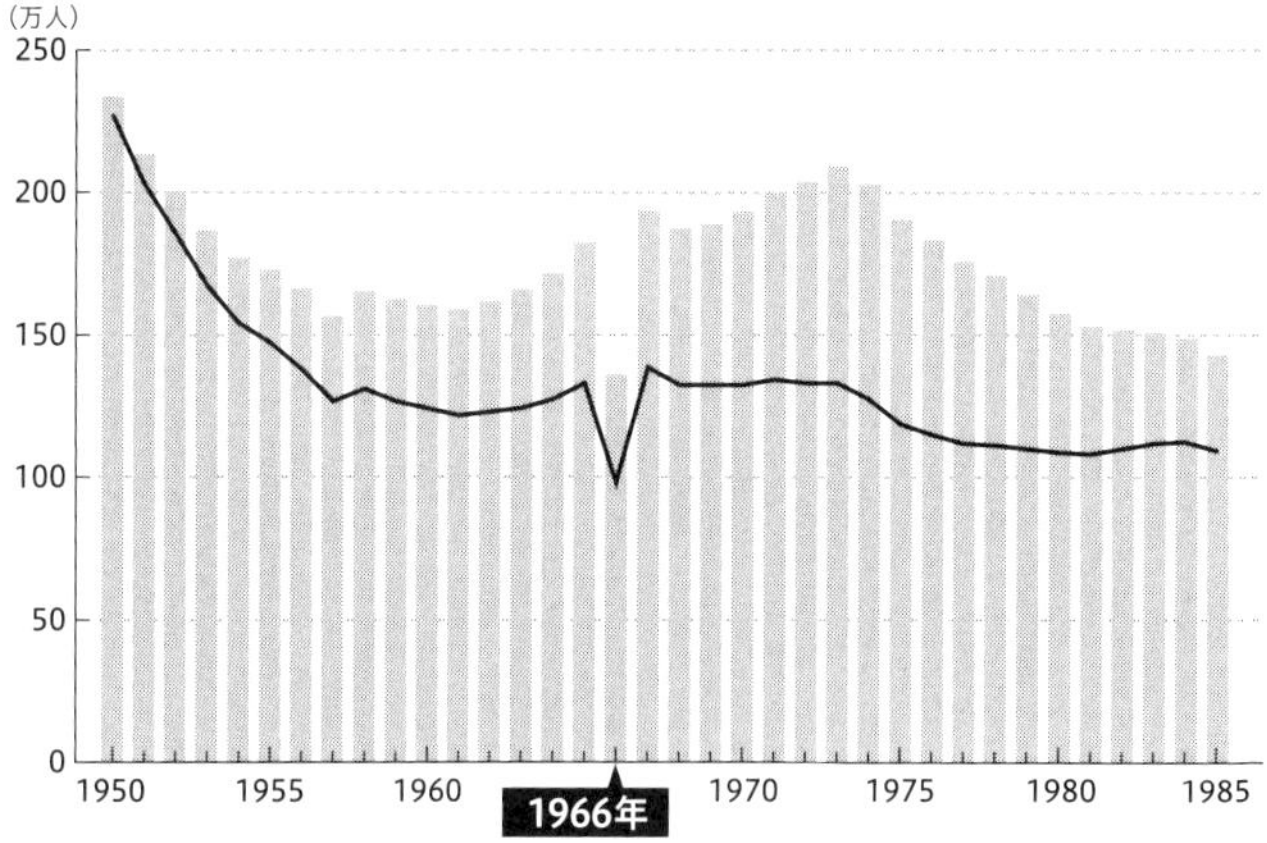

図3-1　出生数と出生率の推移

セットになっています。

　出生の時代的推移を示した図3−1をみると、出生数も合計特殊出生率も、山—谷—山の推移となっていることがわかるはずです。正確な出生数としては、１９６５（昭和40）年が１８２万３千６９７人、１９６６（昭和41）年が１３６万９７４人、１９６７（昭和42）年が１９３万５千６４７人です。

　従来からひのえうま現象についていわれてきた、前年比25％減、後年比30％増という激しい変動は、この山と谷の差分をみたものです。各年の統計を忠実に追った記述ではあるのですが、やや誤解を招きやすい数字だといえるでしょう。

　グラフ全体から窺えるとおり、１９６０年代の日本社会は、ごく緩やかな出生数増加局面にありました。かりにひのえうまがなかったとすれば、出生数はこの微増トレンドに従っていたと考えることができます。

そこで図3-2では、1963年と1969年の実出生数をつないだ緩やかな右肩上がりの直線（毎年4万人弱の増加）を、想定出生数として示しました。人口ピラミッドに刻まれたひのえうまの切り欠きを「補修」するとすれば、おそらくこうなるだろうという基準値です[6]。

この想定出生数と実際の出生数の差分からは、次のことがわかります。

1966（昭和41）年には、何事もなければ約177万5千人の赤ちゃんが生まれるはずでした。しかし、実際の出生数は約136万1千人ですから、約41万4千人少なかったということになります。この年に赤ちゃんを授かるはずだった夫婦のおよそ4分の1（約23％）が、出産に至らなかったのです。

では産み控えられた赤ちゃんたちはどこへ移ったのでしょうか。考えられるのは、出産前倒し、出産先送り、そして出産断念です。図3-2からその振り分けの推定をすると、前倒し出産は、前年1965（昭和40）年の差分の約8万7千件、前々年については約1万9千件で、合わせて約10万6千件となります。先送り出産はこれよりやや多く、1967（昭和

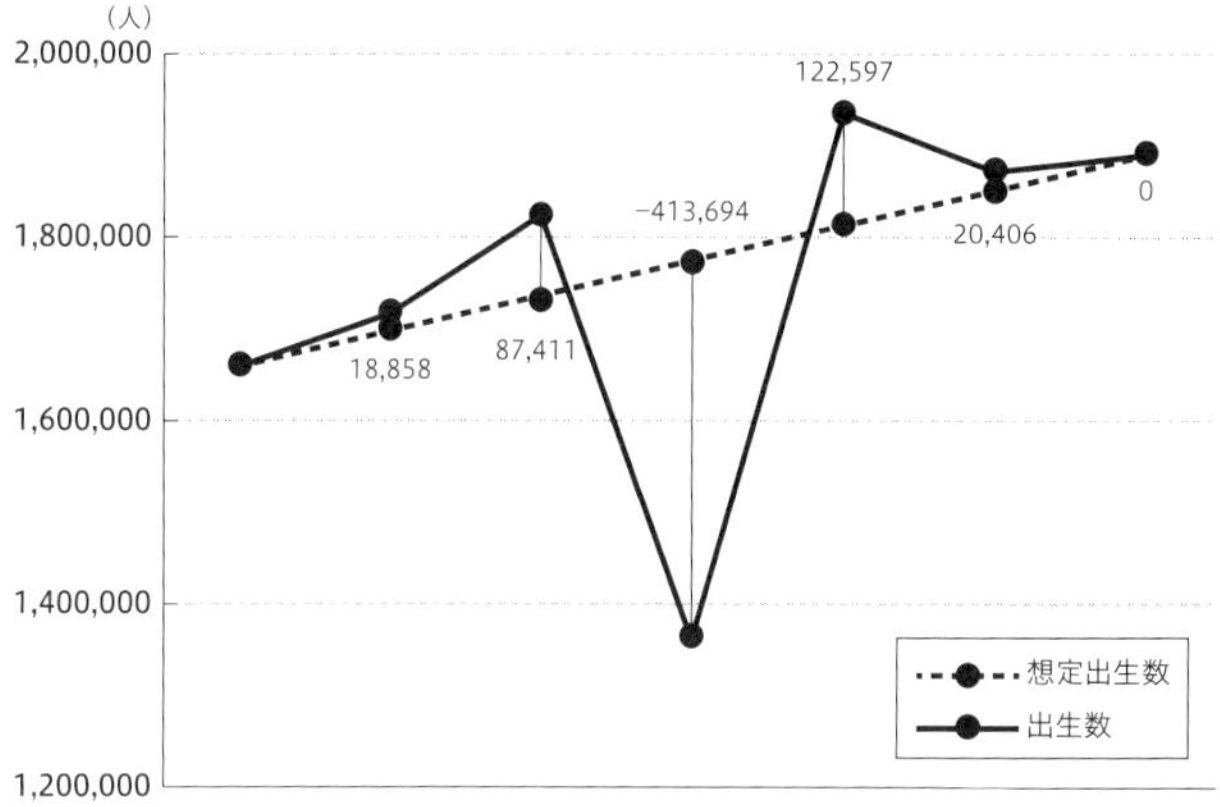

図3-2　想定出生数と出生数の差分

42）年の差分が約12万３千件、翌々年が約２万件で合わせて約14万３千件です。これが山—谷—山の推移を形作った出生行動です。

けれども、前後に振り分けられたであろう赤ちゃんの数を合計しても25万人ほどにしかならず、１９６６（昭和41）年の出生減をすべて埋め合わせるには至りません。ここから、ひのえうまの出産回避は、結局、およそ16万４千人の人口純減をもたらしたということがいえます。数字のインパクトは小さくなりますが、公称50万人の出生減は、このように少し整理して理解しなければなりません。

以降の議論に先立って、ここで頭に入れておきたいことは、ひのえうまの出生減のかなりの部分は、若い夫婦が、赤ちゃんをつくるタイミングを前後の年にずらしたことで生じていたということです。ですから、昭和のひのえうま現象の全体像は、従来いわれてきた1年だけの出生減ではなく、前後の年の出生増と合わせて考えなければならないのです。

不思議な特徴

それでは、出生数が少なかったということ以外に、昭和のひのえうま生まれには、他の生年にはみられない特徴（偏り）があるでしょうか。

女性についての迷信ということで、とかく注目されてきた性比は、じつは107・6とわずかに男性が多いという程度にすぎません。女性（女児）だけに抑制の力が加わったわけではないことは、歴代ひのえうまと昭和のひのえうまの大きく異なる点です。

人口動態統計からは、これに加えて母親の年齢がわかります。それによると、1966（昭和41）年の新生児の母親の平均年齢は27・4歳で、第一子の母親の平均年齢は25・6歳、第二子は28・3歳、第三子以降は30・4歳です。この年の女性の平均初婚年齢は24・5歳、結婚から第一子出産までの期間の平均値は1・8年でした。父親のほうは統計がないのですが、男性の平均初婚年齢は27歳前後ですから、母親よりもおおよそ3歳程度年上であったと考えてよいでしょう。いずれも戦前生まれの世代にあたります。

　明治期までは、女性の標準的な婚期は10代後半で、20代前半で出産するケースが多かったのですが、昭和のひのえうまでは、それぞれかなり遅くなっています。それでも、現在と比べると結婚年齢はおよそ5歳若く、出産年齢は3歳ほど若い状態でした。

　この時代、生涯未婚率は2％台（女性）で、適齢になれば結婚するのが当然だと考えられる皆婚状態が続いていました。女性は学卒後数年間働いて、結婚を機に退職し、専業主婦になるのが標準のライフコースだとみなされていたのです。そして若い専業主婦には、結婚すれば間を置かず第一子を妊娠することが、現代のわたしたちが考えるよりも強く期待されていました。多くの女性たちが、近代家族のかたちをとりながらも、依然として、イエを重んじる家父長制を潜在的な背景理念とした家族形成プロセスに従っていたということです。

　昨今は、妊娠を確認してから入籍するというケースも増えているため、結婚から出産までの期間は、統計数値上はこの時代より短くなっています。しかし、当時は事情がそもそも違っていて、まず結婚式を挙げてきちんと入籍し、名実ともに家庭を築いて、第一子妊娠を待つという順序が標準とみなされていたのです。

　もっとも、１９６６（昭和41）年の特異性という観点でみたとき、ここで示した数値はいずれも前後数年とほぼ同水準であって、この年だけの特徴を見出すことはできません。このことは第4章において再確認します。

では社会階層についてはどうでしょうか。人口動態統計では、親の学歴や所得はわかりませんが、父親の職業（職種と雇用形態）の記録をみることができます。それによると、昭和のひのえうま世代の階層的出自は、農林漁業が12・6%、生産・運輸・通信のマニュアルワーク（体を使う仕事）が41・9%、専門・管理、事務・販売、サービスというわゆるホワイトカラー職が45・0%、その他・不明が0・7%という比率であることがわかります。また雇用形態は、全体の約7割が被雇用者であり、3割ほどが自営・単独事業主、農業世帯は全体の1割強となっています。階層的出自は、当時の日本の産業構成を反映してはいますが、前後の年と比べて、この年だけの特別な偏りは見出せません。

応用経済学者の山田浩之（Yamada 2013）は、ひのえうま生まれの女性の社会的出身背景に特別な偏りがみられるかという関心から、成人後に得られた社会調査データ（1993〜2000年家計研パネル調査）を分析しています。その結果でもやはり、父母の学歴、年齢、経済的地位、出生順位などはいずれも、周辺の生年と異なっていません。[7]

ここでひとまず、昭和のひのえうまの「赤ちゃん」たちの父母のプロフィールをまとめる

（出生年）	第１子	第２子	第３子	第４子以上
1961年	45.4	34.1	13.0	7.5
1962年	47.2	34.7	12.2	6.0
1963年	47.4	35.7	11.8	5.1
1964年	47.8	36.4	11.4	4.3
1965年	47.5	37.6	11.2	3.7
1966年	**51.8**	**33.8**	**10.5**	**3.9**
1967年	45.9	40.0	11.1	3.0
1968年	46.2	39.3	11.6	3.0
1969年	45.2	39.4	12.4	3.0
1970年	45.4	39.0	12.7	2.9
⋮	⋮	⋮	⋮	⋮
2023年	46.6	36.6	12.7	4.2

表３-１　昭和のひのえうま周辺の出生順位構成割合（％）

ならば、多くが20代中盤から30代前半の夫婦で、職業階層はブルーカラーとホワイトカラーがほぼ半々で、被雇用の給与所得者が７割前後だったということになります。

それでは、ひのえうま生年には、周辺の年の生まれの人たちと異なる点は全くなかったのかというと、２点ほど特異な傾向があることが知られています。

そのひとつは、たいへん不可思議な事実で、この年生まれた赤ちゃんには第一子が多いということです（表３-１）。人口動態統計によると、この年の第一子比率は51・８％で、周辺の年よりも４～７ポイントも高くなっているのです（山口喜一 1967、赤林英夫 2007）。直近の２０２３（令和５）年の人口動態統計でも、第一子比率は46・6％ですから、依然として昭和のひのえうまの第一子比率は、史上最高の値です。

赤ちゃんの半数以上が長男・長女だったというのは、この年の第二子以降の出生数が少なかったために、相対的な構成として生じた現象です。前後3年間の推移を出生順位別の出生数でみると、第一子の出生数は、前年が約86万6千人、当年が約70万5千人、翌年が約88万8千人と、確かに変動してはいるのですが、約16～18万人の小幅な増減にとどまっています。けれども、第二子以降の数をみると、それぞれ約95万7千人、約65万5千人、約104万8千人と、約30～40万人の振れ幅の増減がみられるのです。

このことについて、人口学者の大谷憲司（1993）は、1966（昭和41）年の出生率低下分の6割近くは、第二子の出生タイミングがずらされたことによると分析しています。昭和のひのえうまの人口ピラミッドの切り欠きは、次子以降、とくに第二子の出生が抑えられたことを主因として生じていたのです。

では、いったいどうして1966（昭和41）年には、第一子の出生は回避されにくく、次子の出生は避けられる傾向にあったのか？　このことについては、後ほど、出生抑制の手段のところで考えます。

もうひとつは、ひのえうまを生年ではなく学年でみたとき、1967（昭和42）年のいわゆる早生まれの人たちの数が非常に多い（前年比約1・6倍、人口動態統計）ということです（表3－2）。いうまでもなくこれは、暦年としての1966（昭和41）年生まれを避けて、翌年の年始から3月末までの90日間に多くの出生があったためです。同年人口と同学年人口が大きく異なるのは、長い歴史のなかで唯一この年だけのことなのですが、これは昭和のひのえうまのその後の人生に影響してきます。

生年月	出生数（人）
1966年1月	122,783
1966年2月	110,695
1966年3月	111,909
1966年4月	109,581
1966年5月	102,788
1966年6月	100,914
1966年7月	113,106
1966年8月	114,427
1966年9月	111,795
1966年10月	112,387
1966年11月	116,262
1966年12月	134,327
1967年1月	**191,510**
1967年2月	**171,359**
1967年3月	**183,887**

表3-2　1966年1967年の月次別出生数

前年からの過熱報道

それでは、「ひのえうまが到来する」という情報を、人びとはどのようにして知り、それはどれほどの広がりをもっていたのでしょうか。

何十万人という出生数の激しい増減の背景には、訴求力の強い情報源があったことが考えられます。そこで、ひのえうま「前夜」の報道の様子を調べてみました。この時代、新聞、雑誌、ラジオ、テレビという、伝達速度が速く、広範な伝播力をもつマスメディアが、人びとの日常生活に絶大な力をもつ状態がすでに定着していました。20世紀の大衆社会の典型状態です。加えて注目すべきは、男性大衆誌、若年既婚女性誌などというように、読者層を絞ったクラスメディア雑誌が、週刊、月刊でさかんに刊行され始めていたことです。

こんにちのＳＮＳのようなソーシャルメディアはまだ存在していなかったのですが、マスメディアで活発に取り上げられていた読者の投書からは、世論の状態を垣間見ることができます。

まず、社会意識を左右する力が最も大きかった新聞報道を確認すると、３年前の１９６３(昭和38)年に朝日新聞が文化面全面を使って、「ひのえうま　みんなで考えよう」という特集記事をいち早く展開しています。

昭和四十一年は、干支（えと）でいうと丙午（ひのえうま）の年に当ります。「丙午とはまた古くさい迷信を持出したな」と、いわれるかもしれません。それどころか、若い人たちは「そりゃなんだい？」と、動物園に珍獣が来たときのような顔をされるでしょう。しかし、前回の丙午の年、明治三十九年には、このウマはなかなか猛威をふるったのです。（朝日新聞1963年5月23日）

記事では続いて、昭和初年のひのえうま女性の受難、陰陽五行説の根拠の怪しさ、若い女性たちの声などが紹介され、こう結ばれています。

丙午はもう二度と問題にはなりますまい。別項の若い女性たちの発言のように、現代の結婚は女性が相手を選ぶのですから。ただ、迷信は人間の本性のどこかに眠っているものです。いつ起こるとも限らないから、あらかじめこんなものが昔はあった、とお話ししただけのことです。（朝日新聞1963年5月23日）

論調は、「まさか今の時代に出生数が減るわけなどないが……」という楽観論であり、煽動的な言葉はみられません。けれども、ここで「はて?」と思われたのではないでしょうか。

このときから遡ること40年、明治のひのえうま女性の婚期を目前に控え、同じ朝日新聞がよく似た特集を組み、それがきっかけのひとつとなって、ひのえうま女性の自殺や事件が相次いだのでした。さらに遡ると、天明のひのえうまの3年前に詠まれた「六十一年目にこわい女出来」という川柳や、逆効果の情報拡散が危惧された弘化の丙午さとし書、あるいは奉納絵馬の書きぶりも思い起こされます。

ですから、ここでもう一度同じ懸念を繰り返しましょう。ここまで大きく報道してしまうと、かえって寝た子を起こすことになったのではないか、と。そして案の定、昭和のひのえうまの前年である1965(昭和40)年に入ると、各紙にさかんに読者投書や取材記事がみられるようになります。

1965(昭和40)年1月19日

「来年は『ひのえうま』だが」(毎日新聞)

人の心はむかしもいまも変わりない。迷信ということは百も承知で、なお、人のいやがることは避けよう、というのが人間の気持でしょう。この気持が変わらないかぎり、来

年は子供を産まないように注意する方が賢明かもしれない。（○○○○○　横浜市鶴見区・主婦・四十八才）

1月22日

「〝ひのえうま〟が心配　来年子どもを産みたいが」（読売新聞）

私は昨年結婚しましたが、年齢や経済面のことを考えて、来年、子どもを産みたいと計画しています。ところが、来年は六十年に一度の〝ひのえうま（丙午）〟の年で、むかしから、この年に女の子を産むと、気性の激しい子ができるから出産を避ける、といわれますが、ほんとうでしょうか。私は子どもは教育しだいで、生まれ年によってよい子が育たないということはないと信じていますが、世間体のこともあるので、迷っています。（東京・S子）

1月30日

「破ろう丙午の迷信〝夫を食う〟など論外だ」（毎日新聞）

2月9日
「ヒノエウマの取り扱い方に疑問」（読売新聞）

7月19日
「婚家で出産に反対」（読売新聞）

10月12日
「気にせぬ〝来春の出産〟」（朝日新聞）

12月14日
「迷信『ひのえうま』とたたかう群馬県粕川村の人々」（朝日新聞）

12月26日
「赤ちゃんブーム　今年の人口動態調査　『丙午』避け駆込み？　厚生省」（朝日新聞）

このときテレビ放送も急速に普及し始めていました。1966（昭和41）年の1月6日には、当時、視聴率を伸ばしていた民放NET（現在のテレビ朝日）の『木島則夫モーニングショー』で、明治のひのえうま生まれの女性をめぐる話題が放送されたといいます（新津隆夫・藤原理加 1997）。

同年2月10日には、NHKのゴールデンタイムの人気番組『生活の知恵』でも、『丙午物語』というひのえうまの迷信を主題とした報道番組が放送されています。

女性誌から男性週刊誌まで

出産という事柄の性質を考えると、女性誌がどのように報道していたかはとりわけ重要です。これをみると、前年1965（昭和40）年の年明けから、各誌において「ひのえうま出産」がさかんに取り上げられ始めています。

なかでも注目すべきは、『ヤングレディ』に掲載された「問題特集」です（図3-3）。講談社が発行していたこの雑誌は、芸能人の話題などを主たるコンテンツとする、若い主婦層向けの週刊誌でした。

そこでは、「60年に1度の危険」、「来年赤ちゃんを産むあなたに警告します!」、「丙午の

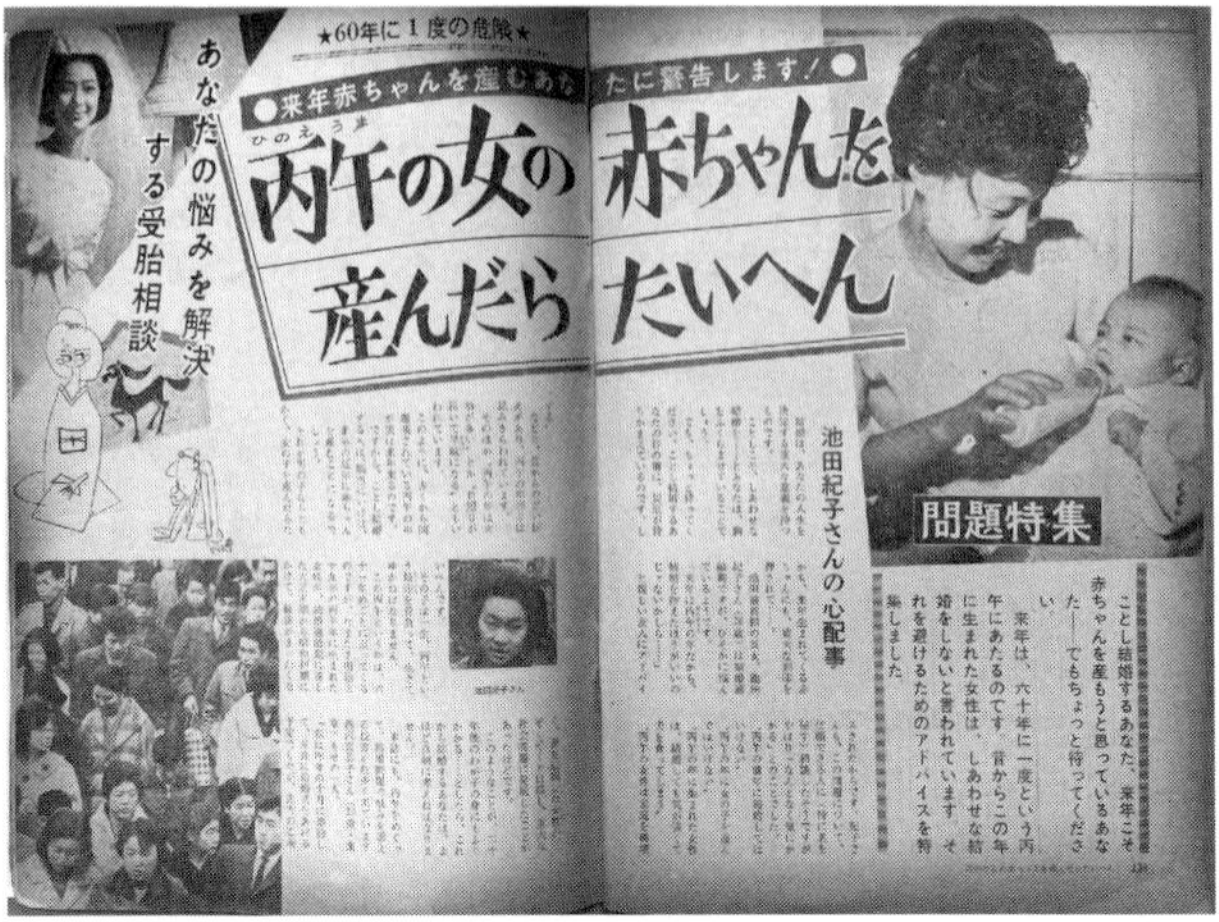

図 3-3 『ヤングレディ』1965 年 1 月 25 日号

女の赤ちゃんを産んだらたいへん」、「あなたの悩みを解決する受胎相談」などのセンセーショナルな見出しで、8ページにわたる特集が組まれています。

古くから問題視されている丙午の年が実は来年来るのです。ですから、ことし結婚する人は、順当にいけば、来年の厄年に赤ちゃんを産むことになるでしょう。それが男の子ならともかく、女の子を産んだらたいへんです。その子は一生、丙午という烙印《らくいん》を背負って、生きてゆかねばなりません。……中略……　明治三十九年の丙午年に生まれた女性が、結婚適齢期に達した大正末期から昭和初期にかけ

て　…中略…　重大な社会問題に発展したことがあったほどです。このようなことが、二十年後のわが子の身にもふりかかる……としたら、これから結婚するあなたは、よほど真剣に考えねばなりません。（『ヤングレディ』1965年1月25日）

この特集では、迷信の由来、明治のひのえうま生まれの著名女性たちのコメント、オギノ式避妊法の解説、男女の産み分け方などが紹介されています。

さらに、「結婚前後の女性の雑誌」と銘打って、当時光文社から刊行されていた月刊誌『二人自身』では、前述の『ヤングレディ』と同時期、1965（昭和40）年1月号において、目前に迫ったひのえうま出産を危惧する読者投稿を取り上げ、明治のひのえうまの女性たちを例に出すなどして、「迷信を信じるな」という解説がなされています。

続く3月には『婦人俱楽部』で、ひのえうま迷信の解説記事、5月には『主婦と生活』において、ひのえうまを危惧する取材記事に対する、「若い夫婦よしっかりしなさい」という心理学者望月衛《もちづきまもる》のコメントが掲載されています。『主婦と生活』では、12月号でも、ひのえうま現象を取り上げた記事が掲載されており、『婦人生活』の12月号にも「丙午に子供を生む」という特集記事をみることができます。

家庭向け総合生活雑誌では、『太陽』1965（昭和40）年3月号に、ライターの小沢信男による「ひのえうま盛衰記」というひのえうま迷信の概説が掲載されています。『暮しの手帖』では、同年1月、2月、4月刊行の各号において、信ぴょう性を否定しつつも、迷信の影響を危惧する記事や読者投稿がみられます。

さらに、男性読者を想定した大衆週刊誌においてさえ、「いまなら間に合います──女児がほしけりゃ3月26日までにという〝ヒノエウマ〟迷信」（『週刊サンケイ』1965（昭和40）年3月1日号）をはじめ、『週刊現代』、『週刊平凡』で、それ以前の年にはない、ひのえうまにまつわる記事を確認できます。

1966（昭和41）年に入ってからは、『二人自身』1月号に「結論！ ひのえうまはまったく心配ありません」という打消しの記事がみられます。その後もひのえうま報道が散見されますが、この年4月以降の報道は、妊娠期間を考えると、出生減には影響しなかったものと思われます。

当年後半になると、月次出生数が例年よりも大幅に少ないことが驚きをもって新聞紙上を賑わせ始めます。各誌は、産科がいつもの年ほどは混み合っていないことや、この年の避妊具の売れ行きが良かったことなどを報道しています。

興味深いのは、『週刊新潮』や『婦人生活』において、この年の半ば以降には「ひのえうま解禁」なる言葉を複数件確認できることです。「解禁」というのは、裏を返せば、妊娠に至るような行為が、ある意味「禁じられている」と社会一般にみなされていた、ということに他なりません。

そして年末には「ヒノエウマにしても異常　赤ちゃん50万人も減る」(読売新聞12月25日)、「生きていた『丙午』　出生、50万人も減る」(朝日新聞12月25日)と、厚生省(当時)が発表した予想外に少ない出生数が報じられ、翌1967(昭和42)年には、新生児数が急回復したことを伝える記事をみることができます。

著名人の「オメデタ」でも

ところで、各種雑誌のひのえうま関連の記事を調べていて、ゴシップとして興味深いものをみつけましたので、無用のこととは思いつつも、ここに記しておきます。週刊誌や女性誌は、この当時も著名人や芸能人の結婚や出産の話題をさかんに報道しています。しかも現在よりも無配慮に、プライバシーに踏み込んだ報道が許容されています。そこからは、当時の結婚・出産にかんする社会通念と、そこに関係付けて言及されるひのえうま迷信を垣間見ることができます。

まず、このころ皇室関連の慶事の記事が多かったことが目を引きます。由緒正しいお家柄ゆえに、ひのえうま出産はお控えになるだろうという前提で、とくに婦人各誌は「オメデタ」の動向に注目しています。1965（昭和40）年11月30日、東宮家（今の上皇夫妻）に第二子となる男子が誕生しました。礼宮《あやのみや》文仁親王、現在の秋篠宮文仁皇嗣《こうし》です。男子であったので出生後にはほとんど取り沙汰されることはなかったのですが、性別がわからない段階での懐妊報道を受け、ひのえうまにかからない年内出産予定と報じた記事をみることができます。

このとき同じく華やかな話題とされていたのは、皇位継承順位第二位であった常陸宮《ひたちのみや》正仁親王と華子妃が新婚2年目であるということでした。当時は婚姻後間を置かず第一子をもうけるのを当然のこととみる風潮がかなり根強くあったので、東宮家に続いて常陸宮家にも「ご懐妊」のニュースが待望されていました。けれどもこの年にそれがあれば、ひのえうま生まれとなります。はたしてどうなるか、と複数の記事が気を揉んでいます。結局こちらは、親王・内親王の誕生を聞くことはありませんでした。

芸能関係では、1965（昭和40）年1月、読売巨人軍のスター選手長嶋茂雄が、亜希子夫人と結婚したことが大きく報じられ、本人たちのインタビューなどもみることができます。当然、この新婚夫婦にも第一子が期待され、翌ひのえうま当年の1月26日に男児誕生と報道されています。女児ではなかったため、あからさまにひのえうまと関連付けた報道は見受けられませんが、ミスタージャイアンツ夫妻は、世間を騒がせていた迷信よりも、結婚後間を置かず第一子を得ることを優先したわけです。これは元プロ野球選手で、現在タレントとして活躍している長嶋一茂《かずしげ》です。父「茂雄」の長子男児への「一茂」という命名からは、家父長制を重んじた態度を推察できます。

『週刊読売』の1966（昭和41）年9月30日号には、「迷信なぜ、あなたも信じるか？」と題して、ひのえうま迷信にかんするインタビューが載っています。まず女優寿美花代《すみはなよ》が、前年10月に俳優高島忠夫との間に男児を出産したのに続き、ひのえうまを気にすることなく、続けて次子を妊娠したことを語っています。こちらは、俳優の高嶋政宏・高嶋政伸兄弟にまつわるエピソードということになります。

直後の記事では、三代目市川猿之助《えんのすけ》（当時）との間に第一子を産んで間もない女優、浜木《はまゆ》綿子《うこ》のインタビューが「昨年中に生まれてホッと」という見出しのもとに掲載されています。浜は1965（昭和40）年の結婚後すぐに妊娠したのですが、夫婦ともに迷信を強く信じるので、「もし予定日が延びて十二月三十一日までに生まれなかったら、おなかを切ってでも産もうと思ってました」と語っています。前年暮れの12月7日に生まれた男児は、長じて俳優の香川照之（市川中車）となっています。

著名人にかんしては、ここでみたとおり男子の出産をめぐる報道はされているのですが、さすがになにがしかの配慮があったのか、ひのえうま当年の女子出産の記事を見出すことはありませんでした。

ともかく、テレビ、新聞、月刊・週刊の雑誌などのマスメディアにおいては、前年から当年にかけて、1966（昭和41）年がひのえうまにあたり、そこに女児の出生を忌避する迷信があることがたいへんさかんに報道されていたのです。それらはとくに、妊娠が考慮される前年の1965（昭和40）年において、喧々諤々《けんけんがくがく》の様相を呈していました。その国民的規模は、まさしく「ひのえうま騒動」というべき大きな出来事です。当時、新語・流行語大賞があれば、「ひのえうま」がノミネートされていたかもしれません。

本書では、迷信を呼び覚まし、出産忌避を教唆《きょうさ》するかのような記事や、不安や懸念を表明する読者投稿などを多く引用しました。しかし当時の報道の多くは、ひのえうま迷信否定の論旨であり、大規模な出生減を誘発するような記述は必ずしも多かったわけではありません。とはいえ、アンチ言説や論争が、肯定論や擁護論と同様、もしくはそれ以上にそのアジェンダ（論題）の認知度と注目度を高める煽りのはたらきをすることは、SNS全盛の現代を生きるわたしたちはよく知っているところです。

確認しておくべきことは、この年に赤ちゃんを授かるかどうかに、当事者として関与していたのは、多く見積もっても400万人ほどの若い夫婦と一部の女性のみであり、日本の総人口9千900万人の4％ほどにすぎなかったということです。該当する人たちの限定性を考えると、「ひのえうま騒動」の大きさは、やはり尋常ではありません。それが史上最大の出生減をもたらす契機となったことは、間違いないでしょう。

前世代の寿命の延びも一役

昭和のひのえうまのインパクトが、かつてないほど大きくなった全く別の要因として、明治のひのえうま女性が大正末から昭和初年に被った厄難の規模が、かつてないほど大きいものであったことがしばしば挙げられます。新聞の特集報道で紹介されていたとおり、一般には、その実例の甚だしさが昭和の出産忌避を導いたと理解されることが少なくないようです。

この歴史的事実は、確かに大きな要因として挙げられるべきですが、加えて、それをよく知る人が数多くいたということが重要です。もっとも、このとき新生児の父母になる可能性があったのは、昭和一ケタから戦中世代、今の80代から90代の人たちなので、明治のひのえうま女性の悲劇を直接見知っている世代ではありません。

そこで思い当たるのは、年長世代の生存です。明治の終わりごろ、日本人の平均寿命はおよそ44歳だったのですが、これがこの当時は67歳前後まで伸長していました。例として明治のひのえうま生まれの生存状況をみると、約１４０万人の同年人口のほぼ半数にあたる66万8千人が、この年に健在で還暦を迎えています。明治のひのえうま女性たちの受難（報道）の当事者と、それを見聞きした人たちが数多く現役でいたということです。

40年前の騒動が、言い伝えによる集合的記憶としてではなく、多くの人たちのリアルな個人的記憶として残存しているというのは、明治以前のひのえうまではありえなかったことです。このことが前述した周期の長い社会学的な循環構造を、それ以前のどの時代にも増して確実に機能させたと考えることができます。

しかも、明治・大正生まれの人たちというのは、出産を控えた人たちの親や舅姑《きゅうこ》などの近しい親族の世代に重なります。身近な年長の重要他者が、孫やひ孫などの出生に懸念を抱いて、記憶や実体験をもとに、迷信の来歴を引き合いに出しつつ若い夫婦に意見したというのはおおいに考えられることです。

今のように、親が赤ちゃんにキラキラした名前を付ける自由度は大きくなく、新生児の命名を祖父などの年長者に託す慣行が残っていた時代のことです。若い夫婦は、耳を傾けざるを得ない面もあったのではないでしょうか。

新聞投書では、ひのえうま出産をめぐる葛藤は、そうした人間関係とともに語られています。

「婚家で出産に反対」（読売新聞１９６５（昭和40）年7月19日）
娘のことでご相談します。娘は昨秋結婚いたし、現在妊娠二か月です。生まれるのは来年春で、ちょうど、丙午（ひのえうま）にあたります。生まれてくる子が男の子ならいいのですがもし女の子であった場合のことを考えて、婚家の両親は生むことに大反対です。しかし、本人どうしは何とも思っていないらしいので、先方のご両親は、直接本人たちにいいにくく、困っておいでのようです。
しかし、私としても人工妊娠中絶をすすめるのは、残酷な気がして、申せません。といって、女の子が生まれた場合、長い将来のことを考えると、かわいそうにも思います。

どうしたらよいか、ご意見をうかがわせてください。（富山・一母親）

「気にせぬ〝来春の出産〟」（朝日新聞１９６５（昭和40）年10月12日）

私は来年早々母になります。……中略……　はじめは丙午なんていっこう気にしなかった私も、実家の母などに、田舎のこととて家人はよくとも近所隣がうるさい。年ごろになって聞き込みにこられたら嫁のもらい手もなくなるなどと、とやかく言われているうちに迷いがでてしまったのです。

人口動態統計を所轄していた厚生省統計調査部（当時）は、１９６６（昭和41）年９月に全国の40歳未満の既婚女性約２０００人にひのえうまの出生状況についての調査を実施しています。まず何よりも、政府がひのえうまの影響を知るために大がかりな全国調査を実施したということ自体が、ことの重大さを示しており、驚愕に値します。

これによると、「ひのえうま」について以前から知っていた人は33・７％、家族などに聞いて知った人が33・７％、新聞・雑誌・テレビ等で知った人が28・９％です。そして不詳・知らなかったという回答はわずか３・７％となっています（村井1968、厚生省統計調査部

1969)。ここからはまず、この年には女の子をもうけるべきではない、といわれていることを知らない既婚女性が、ほとんどいなかったということが裏付けられます。

この調査で問われたのは情報源についての択一質問ですが、報道の情報伝達が一方向であるのに対し、家族は親密な双方向のコミュニケーションをとります。マス・コミュニケーションと（家族内での）パーソナル・コミュニケーションの複合的作用が、ひのえうま迷信の信ぴょう性を創発させていたことも当然考えるべきです。

結婚延期はあったのか？

ひのえうまをめぐる迷信の存在が広く認識されていて、それがこの年に子どもをもうけない動機を提供したことはわかりました。では一体どのようにして、これほど広範で斉一的《せいいつてき》な行動を、この12ヵ月間に限って行うことができたのでしょうか。赤ちゃんを減らした具体的な手段について考えましょう。

江戸から明治の歴代のひのえうまにおいては、結婚の延期、受胎後の中絶、出生後の届出操作が手段でした。もうひとつ間引きという重要な方法があったのですが、さすがに昭和のひのえうまについては、これは考えないことにします。それぞれの出生抑制の手段は、昭和

40年前後のこの時代には、どれくらいの規模で用いられていたのでしょうか。そして、その数にはこの年だけの変化がみられるのでしょうか。

まず結婚時期の調節です。昨今では、妊娠を確認してから入籍する「授かり婚」や、結婚しても子どもをもたないなど、多様なスタイルの選択が当然のことになっています。そんなわたしたちの感覚では、結婚してしばらく子どもをもたないライフスタイルはごく普通にみられることであり、第一子の出生タイミングを見越して、結婚の時期をずらすというやり方はやや奇妙にみえます。

けれども繰り返してきたとおり、この当時は結婚すれば女性は仕事を辞めて、専業主婦になることが標準的な慣行として根付いていました。「寿退社」、「永久就職」という当時の言葉は、この慣行を物語っています。先にみた著名人をめぐる報道でわかるとおり、若い男女が入籍すれば、1~2年のうちに嫡出第一子を授かるものだ、という社会通念が広く受け入れられていたのです。実際に7割以上の夫婦がそうしていたので、結婚から第一子出産までの間隔は平均1・8年ほどでした。

このような昭和的な事情から、ひのえうまの到来を見越して、結婚自体のタイミングをずらすカップルが多い（多かった）のではないか、と、リアルタイムの報道でも、のちの研究でも、さかんにいわれてきたわけです。

しかし結論からいえば、１９６６（昭和41）年前後の婚姻数はどの年もほぼ95万件で、結婚前倒しや結婚延期は、統計資料からは確認できません。[8] このことは、この年において、今すぐ子どもが欲しいと願いがちな新婚夫婦の数は、決して少なかったわけではないということを意味しています。そして、結果的に総出生数が少なくなったこの生年に、新婚夫婦が授かる赤ちゃんを基礎数とする、第一子出生の比率が高かったこととも整合しています。

中絶はあったのか？

では中絶についてはどうでしょうか。非科学的な迷信や社会的に自己成就した予言を理由に、この年の中絶、堕胎、死産の数が増えるようなことは、あってほしくはありません。

このことを考えるにあたり、まず当時の人工妊娠中絶の数を確認しておきます。人工妊娠中絶数は、ひのえうまの１９６６（昭和41）年は約80万８千件であったと報告されています。これは中絶率（年単位の出生数と中絶数の合計に占める中絶数の割合）にすると37・３％にもなります。

じつは迷信とは全く関係なく、この時代には、驚くべき数の人工妊娠中絶がなされていたのです。結婚している夫婦が望まぬ第二子以降を妊娠した場合には、22週目までの早い段階において、産婦人科で人工妊娠中絶をすることが一般的であり、それがこの中絶数の多さの内実です。

人工妊娠中絶は、女性のクオリティ・オブ・ライフを守るために、権利としては認められるべきものです。けれども、はじめから中絶することを前提とした妊娠や、出産・育児の計画性がないまま妊娠したために出産を断念することは、女性の心身に多大な負担をかける濫用行為です。

さまざまな理由があったにせよ、約80万8千という件数は、ひのえうまの約50万人の出生減など、どうでもよく思われるほどの深刻なリプロダクティブ・ヘルス／ライツ（性と生殖に関して、自らの健康を守りつつ、自分自身で選択し、決めることができる権利）の侵害に他なりません。現在でもなお、日本の中絶率は依然としておよそ14％前後、２０２３（令和５）年の人工中絶件数は12万６千７３４件もあるのですから、60年経っても解決していない課題です。

以下は、あくまでそのうえでのことです。当時は政策の後押しもあり、人工妊娠中絶件数は年々減っていましたが、その減少トレンドには、ひのえうまによる一時的な変動は生じていません。死産の数についても、この年だけの増加は確認できません[9]。

この1年間の出生抑制が人工妊娠中絶などを手段としたものであれば、1966（昭和41）年の統計値では、これらの数が特異なかたちで増えているはずです。それがみられないということは、授かっておいて産まないというやり方は、存在は知られていたけれども、ひのえうま出産を避ける手段としては用いられなかったということです（伊藤達也・坂東里江子 1987、坂井博通 1995）。

なお、この時代には超音波検査（エコー）で胎児の性別を知ることは、機材の性能上不可能だったので、「男の子なら産むが、女の子ならば中絶する」という選択肢を考える必要はありません。すべての妊娠において、女の子であるかどうかは、生まれてくるまでわからなかったのです。

届出による生年変更は可能だったか？

残る手段は、出生届の操作と受胎調節です。明治のひのえうまで、祭り替えと称して主たる回避方法とされた、届出の操作のほうからみていきましょう。

1966（昭和41）年の性比は、107・6と、通常よりも女子の数がごくわずかに少なくなっています。このことについて、厚生省統計調査部（1969）は、暦年境界における日単位での男女の届出数にかんする、とても詳細な検討を行っています。

それによると、1966（昭和41）年初と年末についてはは、それぞれ約10日間の幅で女子の届出数が少なく、その分だけ前年である1965（昭和40）年12月末の約10日間と、翌年である1967（昭和42）年1月初旬の女子の出生届出数が増えています。このことから、約4千人が前年に、約5千人が翌年に、合わせると9千人程度の女子の出生年「変更」がなされたことが推測されるといいます。

確かにこの数を差し引きすれば、この年の性比の偏りの帳尻がぴたりと合います。届け出られたご本人たちには全く責任のないことで、すでに「時効」であると思われることですが、人口統計データは、1965（昭和40）年末と1967（昭和42）年初の数日が生年月日である女性のおおよそ10人に1人は、実際は1966（昭和41）年に生まれたのではないか、と示唆しているのです。生年月日がひのえうまになることをできれば避けたい、と望んでいた、当時の親たちの心性を垣間見ることができる事実です。

もっとも、この届出操作の数は、明治のひのえうまの祭り替えとは比べものにならないわずかさです。ひのえうま生年136万1千人からすると0・7%程度、減少分の46万人の約

２％を説明するにすぎません。

明治と昭和の届出操作の規模の違いは、日付を変える自由度が極めて小さくなったことによるものです。

母子保健法が現行制度に改正されたのは、ちょうど１９６５（昭和40）年の妊娠からであり、これ以降は、母子手帳（母子健康手帳）が一層整備されました。母子手帳は市町村を通じて妊婦に対して妊娠８ヵ月目までに交付され、以後、ほぼ毎月の妊婦健診の記録が残されます。そして無事新生児が生まれたら、出生時の情報が記録されます。さらにその後も乳幼児健診、予防接種、既往歴、成長の諸記録の記載が続けられます。後に開発途上社会にも普及することになる、日本が世界に誇るこの公衆衛生のシステムは、偶然にもこのタイミングで確立されていたのです（中村安秀 2021）。

周産期の詳細な記録が全員について残っている以上、分娩の年月日を動かせるのは、せいぜい前後数日に限られます。さらにこの時期、病院もしくは産院での出産が急速に増え、自宅出産は16％程度と少なくなっていました。

出生の届出は、１９４８（昭和23）年に施行された戸籍法などに従っており、現在とほとんど異なりません。まず出生証明書を作成してもらいます。記載事項は、赤ちゃんの氏名、

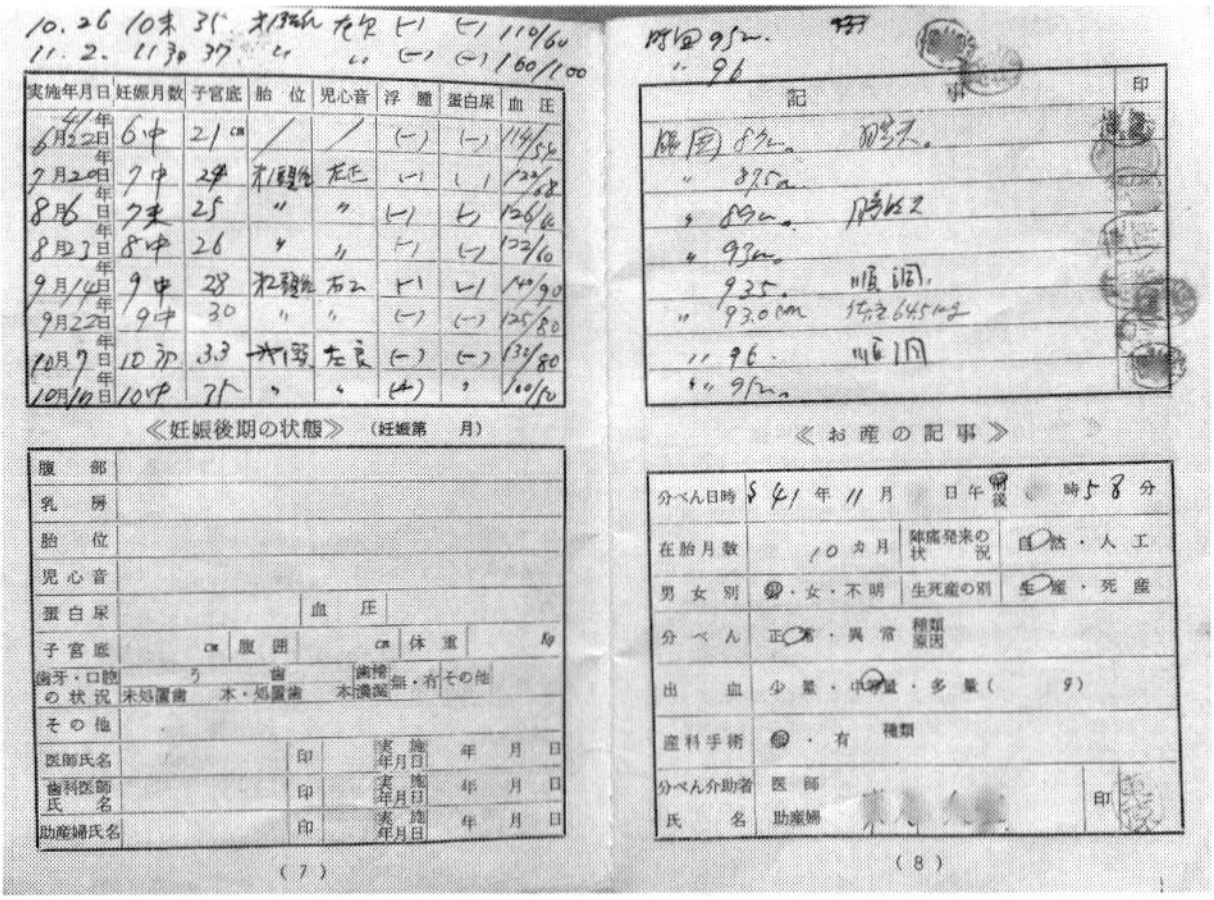

図 3-4　1966 年ごろの母子手帳の記録

性別、出生の日付と時間、体重、体長などで、医師などが署名押印します。父親または母親は、この出生証明書を出生届に添付して、出生の日から14日以内に居住市町村に届け出る必要がありました。

　さらにこの時代には、これと同時に人口動態調査出生票を提出していました。現在の出生連絡票にあたるもので、本書でも利用してきた人口動態統計のデータとなるものです。つまり、複数の書類において、出生年月日はもちろん、出生時間（分単位）、出生の場所までもが、医師や助産婦（現在の助産師、以下助産婦とする）による確認のうえ記載されて、届け出られていたのです。

　私は１９６６（昭和41）年の11月初旬に、

病院で第二子として生まれたのですが、手元には母が残してくれた母子手帳があります（図3-4）。この手帳が交付されたのは生まれる6ヵ月前で、出産予定日として私の生年月日の4日前の日付が記されています。妊婦健診は半年間で10回受けており、母体の状態、胎位と児心音の記録があり、「順調」との記載がみられます。そして母子手帳には出生後に、市町村の戸籍課に届け出た出生の日付時刻などが記され、立ち会った担当医の署名と押印がなされています。私の場合、出生届と出生票は5日後に提出され、そのときに母子手帳に自治体の長の職印を受けています。

以上から、私が女児であったとしても、その生年月日をずらして、1967（昭和42）年生まれとして届け出ると、周産期の記録とのつじつまが合わなくなり、担当医は責任がとれなくなります。ですから、出生届の操作はとても無理であったことは明らかです。

主たる手段は受胎調節

というわけで、消去法により、昭和のひのえうまの人口ピラミッドの切り欠きは、主として受胎調節（バースコントロール）、すなわち妊娠すること自体を避ける営為によって形成されたということが結論付けられます。

受胎調節が主たる手段であったことは、じつは複数の先行研究ですでに指摘されています（山口喜一・金子武治 1968、山口 1967、厚生省統計調査部 1969、坂井 1995、大谷 1992）。なかでも、計量経済学の手法を用いたロールフスらの研究は優れたものです（Rohlfs et. al 2010）。そこでは、弘化、明治、昭和の3度のひのえうまの周辺年について、出生数、男女の性比、前年の婚姻数などの人口統計のマクロデータの動きから、出生抑制の手段を推定しています。[10]
そこで明らかになったのは次のことです。

弘化のひのえうま生まれでは、先述したとおり、40歳時において女性の人口が男性の人口よりも少なくなっていました。これは若干数の女児の祭り替えがなされたことに加え、生物学上の確率としては生まれているはずの女性が、おそらくは子殺しや遺棄、あるいは厄難をはかなんだ自死のために、明治期までは生存していなかったことを意味しています。

明治のひのえうまの周辺年では、これもすでに述べたとおり、女児についてのみ後年への祭り替えがなされたことが推定されます。これに加え、日露戦役で結婚の延期がなされたため、出生減が生じたという痕跡も確認されています。

しかし昭和のひのえうまでは、出生数は大幅に減少していますが、男女の数の異なりはほとんどみられません。このことから、性別不明のまま出生（妊娠）自体が後年に延期されたことが、出生減の主たる要因であったものと推定されています。それぞれの時代のひのえうまの出生減のメカニズムは異なっていて、昭和のひのえうまでは、バースコントロールにより、出生＝受胎のタイミングをずらすことが主たる手段であったと結論付けられているのです。

明るい家族計画――出生減の「立役者」

受胎調節とはすなわち（さまざまな方法による）避妊です。当時の日本社会では、避妊は家族計画と表裏をなすものでした。家族計画というのは、それぞれの世帯において、産児数や出産間隔などを計画的に調節することです。これはあまり表立って語られないデリケートなものごとなので、その実態はなかなかみえにくいものです。少しだけ寄り道になりますが、この時代に全国で展開されていた家族計画普及のための活動の歴史をひもといていきましょう。

始まりは1950年代のことになります。避妊の指導普及は、母体への負担の大きい人工妊娠中絶を用いることなく、出生数を抑制するために全国で政策的に推進されました。それゆえに、そこには「明るい家族計画」というスローガンが掲げられたのです。

これを草の根レベルで推進したのが、受胎調節実地指導です（高木雅史2013）。これは、いわゆる主婦層の既婚女性たちを対象として、子どもを計画的につくることの大切さを啓蒙し、生殖科学の知識を伝え、主として第二子以降について、受胎のタイミングをどうやって調節するかを実地指導する制度的枠組みです。

講師を務めたのは、受胎調節実地指導員です。この資格は、現在でもリプロヘルス・サポーターとして継続されており、定められた講習を受講することによって都道府県知事から指定を受けることができます。１９５０年代後半、そのほとんどは助産婦が兼任していました。同じ女性である妊娠・出産の専門家たちが、避妊の正しい知識と方法を、講習会を開催するなどして、まさに実地により、主に乳幼児をもつ若い母親たちに指導していたのです。

その中身は、女性自身が基礎体温を記録することなどで生理周期を把握し、排卵後数日の性行為を避けることや、避妊具を正しい方法で用いることなどです。よく知られているオギノ式避妊法や基礎体温（リズム）法も、このときの指導内容だったのですが、これらは１９３０年代に発表され、それ以降に普及したものなので、明治のひのえうま以前には知られていなかった生殖科学の知識です。

この講習活動は１９７０年代初めまで続けられましたが、その後は高校、のちに中学校の保健教育に役割を受け渡しています。戦前・戦中生まれの女性たちは、旧制の初等中等教育において、女性の身体管理や生殖医療について正しい科学的知識を授かる機会がほとんどありませんでした。受胎調節実地指導は、この生年世代の女性たちに対する社会教育活動だったのです。

この活動には、日本助産婦会が組織運営を担い、保健所と助産婦が連携して推進した地域レベルでの普及活動と、企業体や労働組合における新生活運動が大きな役割を果たしました。国の政策としては、財団法人人口問題研究会を通じて、この活動全体の後押しがなされました。すでにみたとおり、昭和のひのえうまの親たちの約３割は自営・単独事業主であり、農業世帯は１割強、被雇用者は約７割でした。

このうち農村などで避妊の普及に力を発揮したのは、各自治体の保健所と連携した助産婦たちの活動です。背景には、病院出産の普及に伴い、市井の助産婦の役割が変化してきたことがありました。

他方、新生活運動というのは、戦後日本において家庭生活の科学化と合理化を目指し、包括的な生活上の知識を普及させる目的で推進された社会事業です。家族計画の普及はその具体的な項目のひとつとされていました。

新生活運動では、主に大規模な企業体や労働組合などの組織を利用して、従業員の配偶者を平日昼間に集め、受胎調節の実地指導や講習会が行われました。企業側としては、いわゆる日本型雇用慣行の下で、（男性）従業員の家族扶養にかかる厚生経費がかさんでいたため、子ども数を２人程度に抑えることを望んでいたという事情もあったのです。

さらに、受胎調節実地指導については、興味深い実践例が報告されています。１９５０〜70年代には、赤ちゃんが健康優良であるかどうかを競う「赤ちゃんコンクール」が各地で開催されていました。助産婦会はこのコンクールを共催し、審査の合間に別室において指導や相談の機会を設け、避妊の普及に努めていたというのです（高木 2013）。乳児の母親が集まる機会を狙って指導を行えば、最適なタイミングで第二子以降の計画出産を促すことができるというわけです。

ちなみに、この時期以前には母乳育児が一般的でしたが、粉ミルクによる人工乳育児が急速に普及しつつありました。そのため、以前には授乳期間が出産間隔を規定していたのですが、それが必然ではなくなり、次子出生のタイミングが早まりすぎないように、計画的に調整する必要が生じていたのです。

毎日新聞社人口問題調査会が実施した調査（50歳未満の３１４０人の既婚女性対象）による

と、１９６５（昭和40）年において、結婚当初から受胎調節を行っているという回答は13・6％ですが、第一子出産以降、つまり第二子の受胎調節を機に開始したという回答は、半数以上の約52・6％、不祥・無回答３・８％、行っていないが30・０％でした（青木尚雄1967）。やはり受胎調節が、長子ではなく次子の出生抑制に重点をおいたものであったことを窺い知ることができます。

以上のとおり、１９５０年代から60年代前半にかけての受胎調節実地指導は、市町村単位での地域活動と、企業体単位での労組活動という複線的な経路で展開されていました。その結果、都道府県ごとに浸透度に差はありながらも、地方の農業世帯から都市部の被雇用世帯まで計画的な避妊についての知識が浸透していたのです。これは、ひのえうま出生減の程度に社会階層による偏りがみられないこととも整合します。この実践活動は、日本全体の出生数を緩やかに抑制するとともに、女性の心身への負担が大きかった、既婚夫婦の次子以降についてなされる人工妊娠中絶の数を減らすことに、大きな役割を果たしました[11]。

昭和のひのえうまに話を戻しましょう。受胎調節実地指導によって、１９６０年代中盤には、出生力のある既婚女性が、特定の期間の（次子）出産を回避する知識は、広く行き渡っていました。前述の厚生省の「出生調査」では、この年に出産したくないと答えた既婚女性たちのうちの76・1％が「受胎調節をしている」と回答しています（厚生省統計調査部1969）。

確かに、ひのえうま迷信の存在は動機として欠かせない要因でした。しかし、これが大規模な出生減として実体化するためには、手軽で確実な出産回避手段としての避妊が、その合理性や正当性の啓蒙とともに、該当する人びとに根付いていることが必要不可欠であったと思われます。この点で、1966（昭和41）年のひのえうまの出生減をあれほど大規模なものにした影の主役は、戦後日本の受胎調節実地指導制度であったといえるのです。

そして、この制度の目的は出生間隔を空けることですから、江戸期の間引きと似た、第二子以降の出生抑制をもたらすことになります。昭和のひのえうま生年には第一子が多く、第二子以降が少ないという不可思議な特性は、受胎調節実地指導を理解のカギとすることで、腑に落ちるものにすることができるのです。ただしこれは、幼い子をもつ母親たちだけをピンポイントで狙った、女性による女性のための社会教育でした。しかもその内容が表立って語ることを憚られるものであったため、静かに人知れず浸透していた変化だったのです。

全国的広がりと地域差

ところで、これまでに蓄積されてきた「ひのえうま研究」においては、地域差がひとつの論点とされてきました。ひのえうまのインパクトには都道府県ごとのばらつきがあるのですが、その傾向はどのようなものであり、それをもたらした要因は何かが問われてきたのです。

社会心理学者の井下理・南隆男・佐野勝男（1977）の研究は、１９６６（昭和41）年の前年比出生減（率）の大きさには、都道府県によって16〜37％の幅があることを明らかにしています。人口学者の青木尚雄・冨沢正子（1968）や村井隆重（1968）はやや異なる計算法を用いていますが、同様の地域差を見出しています。

しかし、そこにみられたのは、都市部か地方か、あるいは西日本か東日本かということなどに単純に集約できない、解釈の難しい傾向でした。井下らは、都道府県別のこの年の人口減と高い相関をもつ社会的な変数を探索した結果、社会変動の速度と水準が遅いこと、信教があること、新聞が普及していることなどが関係しているとしています。他方で村井（1968）は、「民俗学的視点からの研究が必要のように思われる」とみています。

本書のここまでの議論をふまえれば、ひのえうまのインパクトに地域差があるとすればそれは、地域ごとにメディア報道への曝露《ばくろ》に差があったか、民俗学的な意味も含めて親族の関係性に地域差があったか、もしくは、方法としての避妊の普及に地域差があったか、だということになります。

私は、このことについても、避妊の普及が最も有力なはたらきをしていたと考えます。受胎調節が主として第二子以降の多産を抑制するものであったことから、受胎調節実地指導が効果を発揮し始めている都道府県では、（ひのえうまの2年前の）新生児中の第一子比率がすでに高くなっているはずです。そしてそういう地域ほど、出生タイミングの調整が正確に実践されるので、ひのえうま出生減のスパイクが顕著になっていると考えることができます。

そこで、都道府県別の第一子の出生比率[12]と、井下らが用いた前年比出生減率との関係をみてみました。図3–5はその結果をプロットしたものです。

第一子比率は鹿児島県が最低で33・8％、九州各県がこれに続いています。これらの県では二人目以降の赤ちゃんの出生が多かったということです。逆にすでに第一子の比率が高くなっていたのは、東京都、神奈川県、大阪府、京都府、愛知県という大都市を抱える地域です[13]。

縦軸はひのえうまのインパクトの大きさを示す、１９６６（昭和41）年の前年比出生減率で、三重県、和歌山県、福井県、高知県、岐阜県、奈良県などで高く、鹿児島県、長崎県、佐賀県などでは低いことがわかります。こちらについては、九州でインパクトが小さかったということ以外には、地域的な傾向は読み取れません。

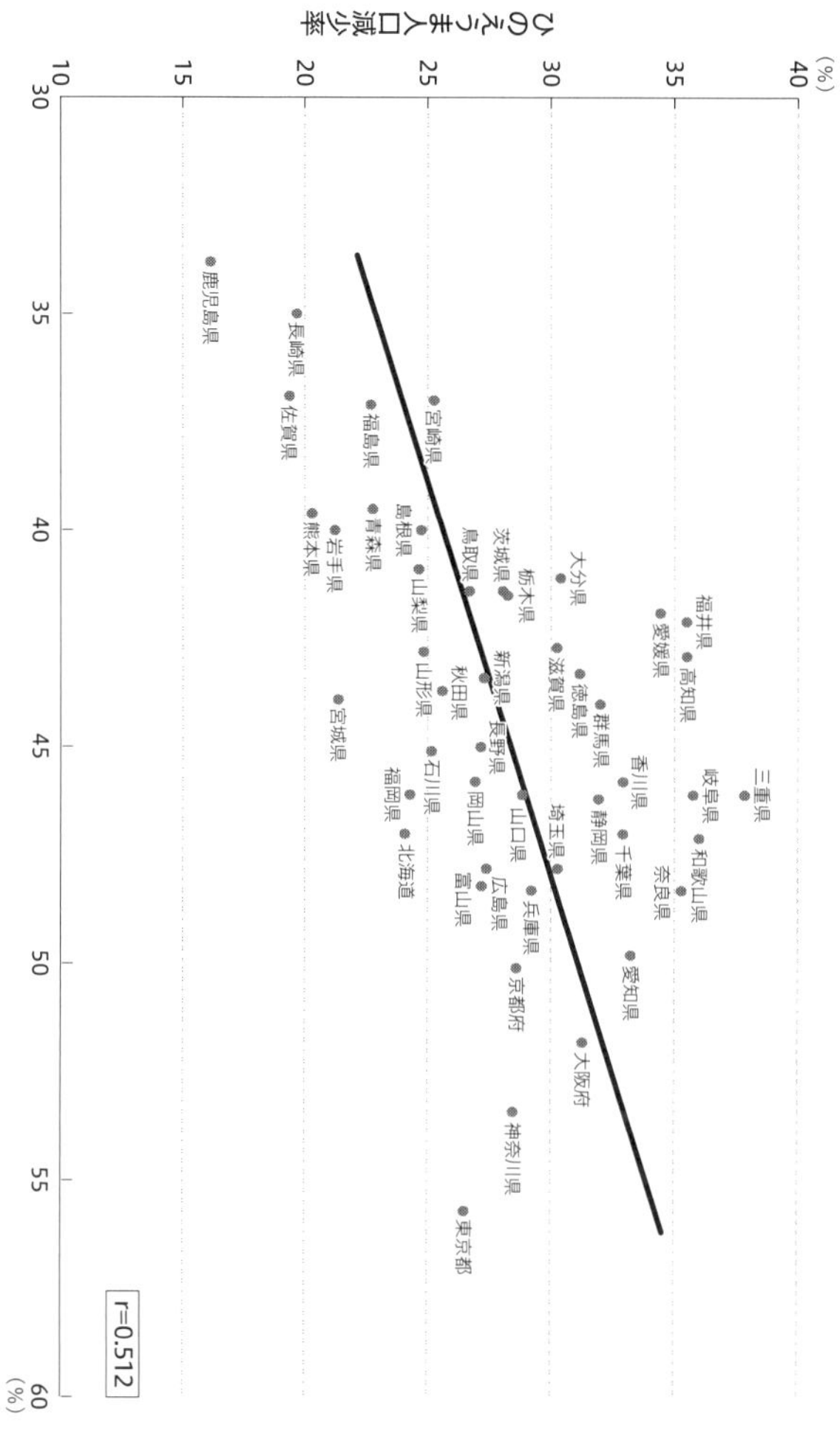

新生児における第一子比率(1964年)

※沖縄は返還前で欠測

図３-５　第一子割合と前年比出生減率

そこで第一子比率と前年比出生減率の関係をみると、相関係数0・512という有意な正の線形性があることがわかります。これは、前者のばらつきが後者のばらつきを約26％説明しうるということで、井下らが地域差の要因として探索したいずれの指標も上回る値です。

つまり、これまで解釈が難しいとされてきた地域ごとのひのえうまのインパクトの異なりは、受胎調節実地指導が徹底していた都道府県で、出生減が大きかったことを示すものと考えられるのです。昭和のひのえうまの第一子比率が歴史上最も高いことと、ひのえうまのインパクトに地域差があることは、ともに受胎調節実地指導の浸透度が理解のカギなのです。

復帰前の沖縄でも

次の図3‐6は、厚生労働省が公表している都道府県ごとの人口動態から、東京都、三重県、島根県、鹿児島県および、沖縄（県が独自に集計）の出生率（人口千人に対する出生数の割合）の長期推移グラフを描いたものです。

ここからは、昭和のひのえうまの出生減が、各都県の人口のトレンドにいずれもはっきりとしたスパイクを与えていることがわかります。あえていうならば、東京都のグラフでは、前年と後年の出産前倒し・先送りの山が、他県よりはっきりしており、計画出産がどこより

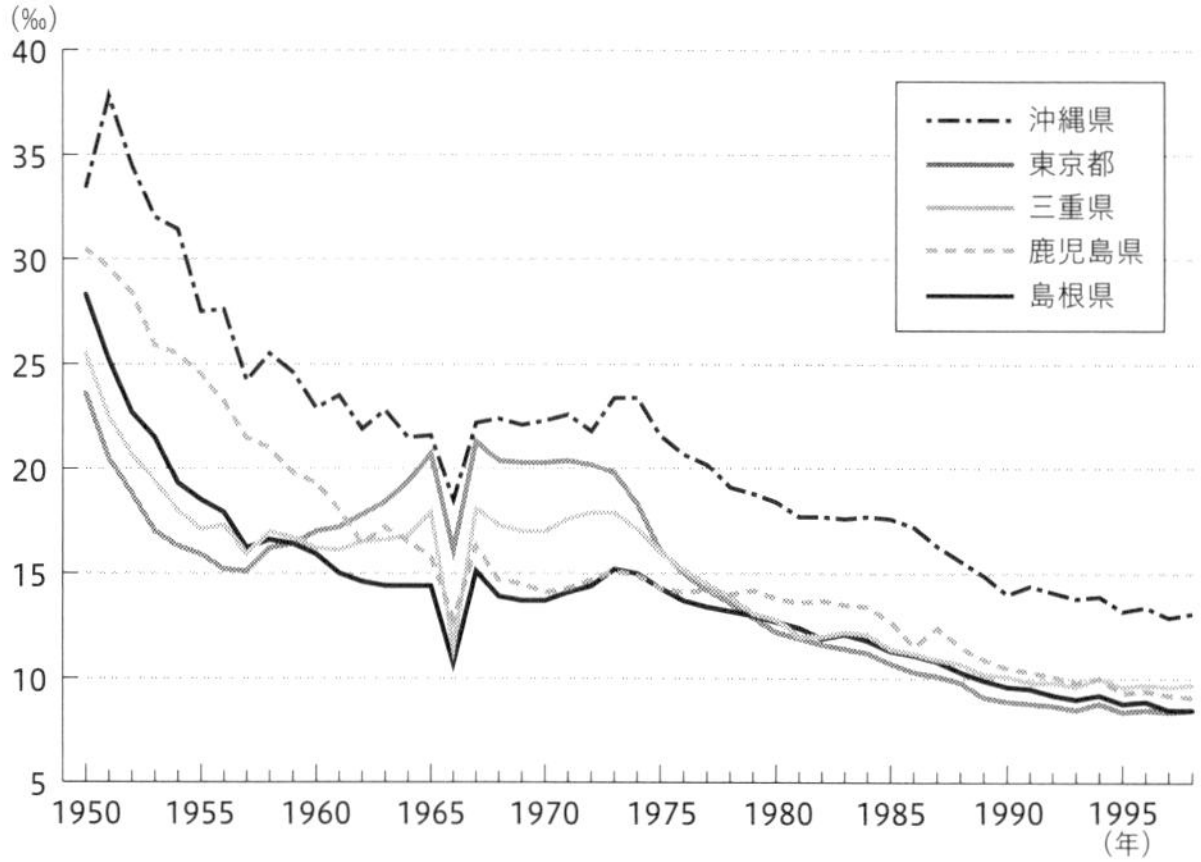

図3-6　地域別のひのえうま人口増減

も徹底していたことを窺い知れます。

ここに示さなかった他の道府県をみても、図３‐５の縦軸でみたとおり、スパイクの深さにばらつきはあるものの、１９６６（昭和41）年に出生減が生じなかった都道府県は皆無です。

さて、ここでグラフを示した沖縄は、当時は復帰前でアメリカ占領下にありました（そのため厚生労働省のデータでは沖縄県は欠測となっています）。さらに、歴史的経緯を考えれば、江戸文化に由来するひのえうま迷信の影響を最も受けにくい地域であったとも考えられます。

加えて、沖縄の出生率は、他の都道府県より飛び抜けて高いことが知られています。沖縄の折れ線グラフが他都県より高い位置にあるのはそのためです。社会学者の澤田佳世（2014）によると、その背景には、米兵との関係や、もともとの多子傾向により、女性たちが望まない妊娠に苛まれていたという特有の事情がありました。赤ちゃんが多く生まれるというのは、すなわち避妊がなされにくい傾向があったことを示唆しています。

けれども、図3-6に明らかなとおり、その沖縄ですら、本土と同じ1年だけの出生抑制の痕跡が残っているのです。

これはたいへん思いがけない事実です。調べてみると、復帰前の沖縄では、1964（昭和39）年の東京オリンピックを機に、日琉《にちりゅう》マイクロ波回線によって、日本のテレビ放送が視聴できるようになっており、本土の新聞も毎日送られてきていました。ひのえうま騒動のような日本の本土の情報トレンドに対しては、ある意味では他の地域以上に高い関心が示されていたことが想像され、その動向を即時に確保できるインフラ整備もなされていたのです。そうであるとすれば、この年の出生抑制は、因習的な迷信の社会的圧力を直接受けたものというよりも、本土の流行現象への、追従的な反応であったとみることができます。

加えて、やはり本土に倣い、ちょうど1965（昭和40）年から、沖縄でも避妊普及活動が開始されているのです。この活動は、（駐在）公衆衛生看護婦によって推進されたものです。これは、琉球政府の統治下にあった沖縄で、慢性的な医師不足の代替的措置として、看護婦が離島地域などの包括的な保健医療を担っていた特有の仕組みです。この制度が草の根レベルで機能していた復帰前の沖縄は、むしろ本土よりも受胎調節が女性たちに伝わりやすい公衆衛生環境にあったといえるかもしれません。

昭和のひのえうまの出生抑制は、強弱のばらつきをもちながらも、まさに日本全国津々浦々に浸透した、国民的現象であったのです。

出生減とともに起きていたこと

昭和のひのえうまの出生減は、なぜこれほど大規模になったのでしょうか？

これまでに一般的な解説としていわれてきたのは、旧来の迷信が人びとの間に潜んでいて、それが突如息を吹き返し、多くの親たちが迷信を本来の意味で恐れて、出産を断念せざるをえなかったという、いわば因習抑圧説です。例えば、最近の新聞論説においてさえ、昭和のひのえうまについて「丙午の迷信に惑わされ、妊娠・出産を前倒ししたり先延ばししたりした人が多かった」と説明されています（「迫る「令和ひのえうま」　迷信根絶なしに少子化対策なし」日本経済新聞２０２４（令和６）年６月26日）。しかし因習的な迷信の力だけでは、すでに近代化が進んだ時代であったにもかかわらず、史上最大のインパクトがあったのはどういうわけなのかを説明しきれません。

本書における資料の見直しは、従来の解釈や通説に修正すべき点があったことを明らかにしています。江戸から明治までのひのえうまと昭和のひのえうまは、時代背景、社会状況、法制度、動機、情報流通の状態、出生抑制の方法などあらゆる点において、大きく異なるものでした。そして、大出生減の理由は単純明快ではなく、いくつかの背景と要因が重なって生じた事象であったことが示唆されます。

1966（昭和41）年に、大出生減とともに起きていたことを、箇条書きで振り返りましょう。

○ 昭和のひのえうまの人口ピラミッドの切り欠きの深さは、前後の年に25万人の赤ちゃんが振り分けられたことにより「水増し」されていた。
○ 過熱ぎみのメディア報道により、社会全体が「ひのえうま騒動」と呼びうる状態にあった。
○ 寿命の延びから、前回のひのえうま女性が被った厄難を知る旧世代が多く生存していた。

○親の社会階層や年齢には、この年に限った特別な傾向はみられない。
○この年は新生児における第一子比率が、史上最も高かった。
○翌年の早生まれがたいへん多い。
○過去のひのえうまとは異なり、女子の出生数は少なくない。
○ひのえうま出産を避けるために、結婚のタイミングがずらされることはなかった。
○人工妊娠中絶や死産がこの年だけ増えた事実はない。
○周産期保健制度と届出制度が整えられており、出生年月日の操作を行うことはほぼできなかった。
○出生抑制の主たる手段は、政策として推進されていた受胎調節（避妊）であった。
○新生児中に第一子割合が高い地域ほど、出生減が顕著であった。

以下では、これらを手掛かりにしつつ、少し思い切った解釈を加えながら、史上最大の出生減をもたらした社会学的構造を考えます。

新旧理念の奇跡のコラボ――「意識高い系」が産み控えた背景

1965（昭和40）年、東京オリンピックから半年を経た日本社会では、翌年がひのえうまにあたることは、メディア報道と、巷間に根強く記憶されていた明治のひのえうま女性の厄難が相俟って、知らない人のほとんどいない騒動となっていました。

妊娠出産をする／しないを決める当事者であった女性たち、およびその夫たちが、どれだけ迷信そのものに囚《とら》われていたのか、あるいは世間体や社会通念の影響をどれほど受けていたのか、生まれてくる（かもしれない）娘の将来に生じかねない社会的弊害をどれほど危惧したのか、はたまた、それらを懸念する親族の心情をどれほど考慮したのかは、推察するしかありません。[14]

おそらく、複数の要素が入り混じったかたちで、当事者たちには、翌年の出産を避けるという、他の年であれば全く考慮する必要のない選択肢が、真摯な検討の対象として「提示」されていたはずです。この年が、ひのえうま迷信の影響下にあったというのは、つまるところそういうことです。しかしこの時点では、多くがその選択肢を選び、史上空前の出生減という帰結がもたらされ、ひいてはそれがその後60年間も日本社会に刻印を残そうとは、だれも想像していませんでした。

この年に出産をする可能性があったのは、昭和一ケタから終戦直後までの生まれの（既婚）女性たちで、その数は多く見積もって200万人ほどです。その内訳は、すでに子どもがいる女性たちが半数強、第一子出産を控えたいわゆる新婚女性が半数弱でした。

このうち、すでに子どもがいる女性たちには、助産婦たちによる受胎調節実地指導によって、明るい家族計画が浸透していました。生殖科学の基礎的な知識と、手段としての避妊の方法が、水面下で育児期の若い母親たちに広まりをみせていたのです。

おりしも、幸福な家族生活には、母体の健康、質の高い子育て環境の確保、家計負担軽減などの観点から、子どもは2人程度が適切であるという考え方が普及し始めており、多子世帯を減らす人口抑制政策の後押しも背景にありました。そのため第二子以降については、計画的に出産間隔を空けることが望ましいとされていたのです。

つまり、この年の第二子以降の受胎調節による出産回避は、近代的合理性に適《かな》った計画出産という意味合いを帯びていたのです。だとすれば、むやみに妊娠しないようにすることは、女性たちが、自らのリプロダクティブ・ヘルス／ライツを守った、新しく正しい選択であったということになります。

そのため、真に因習に従属的であるがゆえに、女児出生を危ぶんだ一部の母親たちに加えて、その正反対の、女性のクオリティ・オブ・ライフを守るための家族計画を知る、「意識高い系」の母親たちの多くも、「ひのえうま騒動」の偶発を契機に、次子にあたる赤ちゃんを産むことを控えるという選択をしがちだったのです。

実際、昭和のひのえうまの翌年には、第二子の出生数は約40万人も増えて、史上最高の比率になっているのですから、乳幼児をもつ若い母親が何十万人という規模で、偶然ではなく計画的に、既存の子どもとの出産間隔を、1年多く空ける受胎調節をしたものと推定できます。

となると、この年に次子が生まれてしまうというのは、「ひのえうま騒動」を知らないか、避妊による家族計画を知らないか、知っていても抑制できなかったか、というイノセントな夫婦だとみられかねない、という懸念さえ生じていたかもしれません。

けれども、20代半ばを平均年齢とする新婚女性たちには、受胎調節実地指導を受ける機会はほとんどありませんでした。他方で、新たにイエに入った嫁は、間を置かず嫡出第一子を授かるべし、という家父長制の金科玉条は、依然として生きていました。さすがに「嫁して三年、子なきは去る」などとはいわれていなかったでしょうが、この時代の若年女性の職歴中断を表した言葉である「寿退社」には、結婚すればやがて妊娠するのだから、退職して専業主婦として家庭に入っておく、というライフステージの典型的な進み方が含意されています。

そのため第一子については、家父長制の本流ともいうべきこの社会的望ましさが、「ひのえうま騒動」による迷信の抑制力を凌駕《りょうが》しがちであり、出産回避は次子以降の場合ほど強くは期待されなかったものと考えられます。

要するに、第一子については妊娠の抑制は求められず、しかも受胎調節実地指導が行き届いていなかった半面、第二子以降については妊娠回避が強く期待・奨励されている、という状態だったわけです。ゆえに、この年の第一子比率の高さをもたらしたのは、このダブル・スタンダードの構造であったのだと解釈することができます。

とはいえ、第一子の出生数も前年より約16万人も少なかったのですから、およそ１９０万組の新婚夫婦のうちの９％ほどは、おそらくは新聞投書にあったような状況と心情のために、第一子出産を避ける選択をしたということを、統計データは物語っています。

しかし逆に、迷信など重んじない、あるいは因習的な旧弊に抗《あらが》うという、純粋にリベラルな考え方などから、この年に長子、次子にかかわらず子どもを授かることをためらわなかった夫婦も数多くいたでしょう。前述の高島忠夫・寿美花代夫妻や、女児出生を期待してその名前まで考えて[15]、第二子である私をもうけた両親はここに含まれます。

また、当時の雑誌記事には、もし同年人口が少なくなるのならば、先々の子どもの受験には好都合だ、という気の早い胸算用をしているものもあります。ひのえうまを気にしなかった夫婦、あえて好機とみた夫婦など、さまざまなケースがあって、結果的に、急減したといえども136万1千人の出生数が確保できたわけです。

動機がどうであったにせよ、そして長子次子にかかわらず、この年の出生を回避した夫婦がとったのは、本書で振り返ってきた子流し（中絶・堕胎）、間引き（嬰児密殺）、祭り替え（届出操作）のいずれでもなく、避妊（受胎回避）という、すぐれて近代的な手段であったのです[16]。理不尽で強引な方法による妊娠の回避や中絶が増えた事実がないことからも、それは裏付けられます。

生殖科学についてある程度の理解があれば、特定の期間だけ妊娠しないでおくことは、特定の期間内に子どもを産むことよりは容易に実践できます。結果としてそれが、出産断念ではなく、前後の年、とくに翌年の出生増をもたらしたのです。ひのえうま学年に、1967（昭和42）年の早生まれが多いという特異傾向も、計画的な受胎調節によって精緻に「彫琢《ちょうたく》」された結果なのです。

ですから、昭和のひのえうまが想定外に大規模な出生減となったのは、決して歴代のひのえうま以上に迷信やその社会的弊害が恐れられたためではありません。過剰なメディア報道が煽動したパニック現象というのとも異なります。まして、コロナ禍のときの日本社会のように、社会規範に基づいて自粛を迫る、同調圧力が強かったためでもありません。

このときの想定を上回る大出生減は、計画出産の合理性と、受胎調節の正しい知識が秘かに浸透していたところに、それを試みる絶好の契機として、「ひのえうま」というメディアトレンドの注目キーワードが「降臨」したためにもたらされた現象だったのです。

これと類似した状況として想起されるのは、江戸期のひのえうまにおいて、子流し、間引きが秘かに常態化していたところに、ひのえうまの風説が流布したことが、それらの行為に正当性を与え、一段と数を増していた（と考えられる）ことです。

生殖科学の知識と、リプロダクティブ・ヘルス／ライツの普及という、公衆衛生上の近代化が、元来は家父長制を補強する因習であったひのえうま忌避を、かつてない規模で実態化させてしまった……。これが、この年に起こっていた実際のところでしょう。伝統性と近代性がせめぎあいつつ成立した奇跡のコラボ、この和魂洋才の最後の一閃《いっせん》こそが、昭和のひのえうまの出生秘話に他ならないのです。

このことに、わたしたちが60年を経たこんにちまで思い至らなかったのは、たまたま二つのものごとが、時を同じくして転倒した動きをしていたためです。それはすなわち、ひのえうま迷信というタブーが、倫理上の危うさを度外視して、国民的な騒動となっていた一方で、社会的望ましさが周知されるべきであった受胎調節のほうは、草の根レベルでは着実に浸透していながらも、表向きは語られることがなかったということです。

第4章

塞翁がひのえうま

――昭和のひのえうまの人生

「レガシー」の始まり

世間を揺るがせた「ひのえうま騒動」は、その年の暮れまでの一過性の大衆現象であり、やがて人びとからは忘れられていきました。何しろ次は60年も先なのですから、同じ時代を生きている人たちが、いつまでも出生忌避を語り続ける必然性はありません。

けれども、思いがけないことが幾重にも重なった末に、1966（昭和41）年の12ヵ月は、生まれてくる赤ちゃんの数が、確かに前後の年よりも著しく少なく抑えられました。この出来事は、日本の人口ピラミッドに深い切り欠きを刻みました。この人口学上の「瑕疵《かし》」は、以後、昭和後期の二十数年、平成の約30年間、そして令和の10年弱の間、同じかたちで残り続けることになったのです。

ですから、この特異な年に生を享けた人たちにしてみれば、ひのえうまは終わったわけではなく、ここから始まったのです。そして忘れてはならないのは、ひのえうま出生が忌避されたのは、元来はその年生まれの女性に厄難が危惧されていたからだということです。江戸期から明治までは、その年以降はそちらに社会的関心が移って、ひのえうま現象は時代・世代を超えて続いていったのでした。ですから、彼女たちに一体いかなる人生が待ち受けていたのか？　ということも気にかかります。この切り欠きの世代を思うとき、昭和のひのえうまの「レガシー」は、現在もなお続いているとみることができるのです。

そこでここからは、この昭和のひのえうま生まれの人たちの人生の歩みをたどることにしましょう。もっとも、それは歴代のひのえうまでみてきた悲劇の物語とは、全く異なる方向へと展開していくことになります。

昭和のひのえうまとはだれか

まず、この年に生まれてきた赤ちゃんに、どんな名前（ファーストネーム）が付けられたのかからみていきましょう。明治安田生命の「生まれ年別名前調査」によると、女性で最も多かった名前は由美子で、真由美、明美、智子、洋子、裕子、由美、陽子、久美子、幸子と続いています。男性の一位は誠で、浩、和彦、哲也、健一、学、剛、直樹、浩二、秀樹がトップテンです。女性の名前に「美」が入りがちで、「子」の付く名前が多いなど、なるほど今の壮年層の人たちらしい傾向がみられます[17]。もっとも、前後の生年と比べたとき、この年生まれの人だけに目立った特徴があるというわけではありません。

年の離れた人たちには、これだけではまだ見当がつかないと思います。そこで、この年およびこの学年の生まれの著名人（アスリート、芸能人、作家・芸術家、政治家、メディアで話題となった人など）にどんな人がいるかもみておきましょう。

　詳細はあらためて説明しますが、ひのえうま生まれの人については、暦年の生年でみる考え方と、学年でみる考え方があります。そこで表4－1では、Ⓐ当年1～3月（ひのえうまの早生まれ）、Ⓑ当年4～12月（ひのえうまコア・グループ）、Ⓒ翌年1～3月（翌年の早生まれ）の三つのグループを分けて、順不同で氏名や活動名を示しています。[18]

　この他、架空の人物としては、池井戸潤の原作シリーズ（2004年～）における半沢直樹（同名のドラマ・シリーズでは堺雅人が演じました）、2013年のNHKの「朝ドラ」（連続テレビ小説）『あまちゃん』の天野春子（小泉今日子と有村架純《かすみ》が演じました）が、この昭和のひのえうま生まれの設定になっています。

　どうでしょうか？　知らない名前も多いかもしれませんが、「このあたりの年齢の人たちが、ひのえうまなのか」と実感が湧いてきたのではないでしょうか。「え、この人も⁉」と思う名前もあるかもしれません。

　そして「やはり、それらしい人が多いな」と思いませんでしたか？　しかしながらそれは、ここまで本書を読んできたことによる、確証バイアスという心理学的な偏りです。合理的、科学的に考えれば、ひのえうま生年だけに特有のパーソナリティ特性などあろうはずもあり

Ⓐ1966（昭和41）年　1～3月生まれ （ひのえうまの早生まれ）
財前直見、宮沢和史、長嶋一茂、三田寛子、石黒賢、小泉今日子、川上麻衣子、田中哲司、薬丸裕英、梶原善、今田耕司、堀部圭亮、RIKACO ほか

Ⓑ1966（昭和41）年　4～12月生まれ （ひのえうまコア・グループ）
野村萬斎、松本明子、広瀬香美、益子直美、君島十和子、森尾由美、中村あゆみ、斉藤和義、パパイヤ鈴木、渡辺美里、永瀬正敏、藤島ジュリー景子、植草克秀、鈴木保奈美、村口史子、小谷実可子、高橋洋子、スガシカオ、早見優、斉藤由貴、山根康広、深沢邦之、秋篠宮紀子妃、酒井順子、東山紀之、安田成美、伊藤かずえ、有森裕子、髙嶋政伸、本村健太郎、江角マキコ、国生さゆり ほか

Ⓒ1967（昭和42）年　1～3月生まれ （翌年の早生まれ）
若村麻由美、井上雄彦、西村智奈美、宮崎吾朗、森脇健児、坂井泉水、堀ちえみ、岸谷香、三浦知良、角田光代、原晋、鈴木大地、深澤真紀、福田達夫、坂本冬美 ほか

表４-１　ひのえうま生まれの著名人

ません。

確証バイアス緩和のために、前後の年の生まれの著名人の名前も挙げましょう。本書では山―谷―山の３ヵ年の人口推移に注目しているのですから、あながち寄り道でもありません。前の１９６５年（生年学年一致、順不同）については、前章で触れた秋篠宮皇嗣、香川照之、髙嶋政宏のほかに次のような名前が挙がります。中森明菜、吉川《きっかわ》晃司、長谷川健太、吉田美和、さくらももこ、中村芝翫《しかん》、小林聡美、太田光、上川隆也、林修、尾崎豊、古田新太、松本伊代、本木雅弘、古田敦也……。

後の１９６７年（生年学年一致、順不同）生まれには次のような人たちがいます。清原和博、中山雅史、武田修宏《のぶひろ》、沢村一樹《いつき》、松岡修造、蓮舫、東野幸治、立花孝志、織田裕二、坂上忍、伊集院光、南野陽子、原田知世、北斗晶、天海祐希……。

話を本筋に戻しましょう。ここで名前を挙げた3ヵ年の生まれの人たちについては、間違いなく次のことがいえます。それは、およそ60年前の出生に際して、「ひのえうま騒動」があったということです。いずれのご両親も、産むにせよ、タイミングをずらすにせよ、無視するにせよ、ひのえうま年の出生について、何らかの考慮と判断を迫られる状況にあったはずなのです。

女性たちの「気が強い」伝説

江戸期の川柳や戯作などから振り返ったとおり、ひのえうま迷信の本質は、当年生まれの女性の性格について、「気が強い」とされていることです。昭和のひのえうま女性については、その真偽はどうなのでしょうか。

彼女たちは、その生まれについて、周囲から忘れられていたわけではありません。さすがに、「嫁にいけないぞ」などとからかうような大人はあまりいませんでしたが、性格の気丈さをいう迷信があることは、おそらくほぼすべての人たちが、親や親戚などの年長者から聞いた経験をもつはずです。

そのため「気が強い」は、当人たちの間でも、事あるごとに言い交わされていたように思います。生まれの近い友人、兄弟姉妹、配偶者なども、ひのえうま女性は男勝りだ、物怖《ものお》じしない、気性が激しいなどと旧来いわれていることを耳にしてきたはずです。心理学者や教育学者ならば、ピグマリオン効果（周囲からの期待が個人の発達を促し、実現する現象）が生じているのでは？　と考えるかもしれません。

社会学者としては、俗言のために本当に女性たちの気が強くなり、さらには、それがもとで縁談や婚期、夫婦関係にまで悪影響が生じるなど、ありえないストーリーだという立場をとります。けれども、この年生まれの女性にまつわる言説が草の根レベルで生き続けていたことには、同世代人として確かに心当たりがあります。ここでは、迷信のいうところに加担する意図はもたず、文化論としてこれを紹介しておきましょう。

第2章では、明治のひのえうま女性たちが、ちょうど大正末から昭和初期のモガの世代にあたることを述べました。では、昭和のひのえうま女性は何世代にあたるのかといえば、彼女たちのうちの大卒者は、男女雇用機会均等法施行後間もない就職活動で、空前の好況期に「(平成)元年入社」した、バブル世代女子（図4-1）にあたります。

このときのことは後ほどみますが、早とちりして、バブル期の様子を伝える映像でよく流れるシーンなどと結び付けて、あのときディスコの「お立ち台」で踊っていたのが昭和のひのえうま女子大生だ、などという話は作らないでください。

1990（平成2）年5月11日の日本経済新聞には、この時代に結婚情報サービスを展開していたアルトマンシステムが実施した、ひのえうま独身女性（当時24歳）234人への調査の結果を受けて、以下のような記事があります。

丙午の迷信について「まったく信じない」と一笑に付したのは66・2％と多数を占めた。だが一方74・8％の人が「気が強い」ことを自認。同年の友人たちについても「他の年代より気が強い」との答えが約70％に上った。

図4-1　バブル期の女子大学生の就職活動

これは、彼女たちが婚期を迎えようかというタイミングで、営業上の関心から、迷信でいわれてきたことの成否が調べられたもののようです。集計結果からは、迷信自体は生きていないが、「気が強い」は事実かもしれない、ということが示唆されています。

「ひのえウーマン」と長女気質

昭和のひのえうま女性のなかには、この年の生まれを自分のプロフィールとして強調したり、求められてコメントしたりしている人があります。ただしそれは、概して明るくあっけらかんとしたものであり、明治のひのえうま女性のように悲痛な体験を語るものではありません。

ひのえうま女性たちが30歳になった年には、一冊の書籍が出されています。『1966年生まれ丙午女（ヒノエウマ・ウーマン）60年に一度の元気者』（新津・藤原1997）です。これはジャーナリストとライターが、女性誌『CREA』で、ひのえうま女性を主題とした記事連載を行った後にまとめたものです。ほぼ30年前の一般書なので、資料としての扱い方が難しいのですが、前半部分では、ひのえうまの来歴が丁寧にまとめられており、本書でも参考にしています。

この本のオリジナリティは、1990年代中盤に各界で活躍していた昭和のひのえうま女性25名、さらには2人の明治のひのえうま女性にまで面接取材をしているところにあります。その聞き取りでは、親などの年長世代からいわれてきたことや、当事者としての多様な経験が語られています。そうしたなかで、いずれの女性も、ひのえうま生まれを強く自覚していることを語り、多くは自分の重要なアイデンティティとして肯定的に位置付けていると述べています。そして自身の性格については、やはりほぼ一様に「気が強い」として、細かいことは気にせず、積極性にあふれた生き様を言葉にしています。

けれども、気の強さが災いした、あるいはひのえうま迷信による決めつけで、不利益を被ったというネガティブな体験談は、ほとんど出てきていません。男女雇用機会均等法施行からおよそ10年、バブル期の余韻が残る時代のことです。旧弊にとらわれず、どんどん可能性を追求している新しい時代の20代女性、その姿を著者らは「ヒノエウマ・ウーマン」[19]と名付けています。

この昭和のひのえうま女性たちが50代半ばになったころ、ひとつの皇室ゴシップが週刊誌、文芸誌をにぎわせました。秋篠宮家の長女、眞子内親王（現在は小室眞子さん）の婚姻が難航したことです。このとき、双方の母親が、同年に生まれたひのえうま女性であることが取り沙汰されました。少し引いた目でみると、縁談の難航にひのえうまを絡めるのはまさしく旧来の連想であり、苦笑を禁じえません。

このことについて、エッセイストの酒井順子（2021）は、自身も同年生まれであるという立場から「紀子さまと小室佳代さん　１９６６年、丙午生まれの私たち」という論稿を『文藝春秋』に発表しています。ただしこれは、性格上の共通点に触れるものではなく、同じ時代を三者三様に生きた人生を描いたものです。

酒井は20年以上前に、30代独身女性という自らの立場から、『負け犬の遠吠え』（酒井順子 2003）というエッセイ集を著し、大きな反響を呼んだことで知られています。「負け犬」とは、旧来望まれてきた適齢での結婚というライフコースを選ばず、自立して生きる、未婚で子どものいない女性たちを指していて、上野千鶴子（2007）のいう「おひとりさま」にも通じます。「良縁」を求めない人生について自ら論じた、昭和のひのえうま女性の論客であるわけです。

その酒井は、親王との恋愛の末に皇室に入り、皇位継承者を産むに至った紀子妃と、夫との死別や元婚約者とのこじれた関係の末に、一人息子が皇女と結ばれた小室佳代さんについて、二人はどちらも「並外れた強靭《きようじん》さを備えている」「ひのえウーマン」なのだと断じています。

「ひのえウーマン」については、特性や定義がはっきりせず、私自身も首肯しているわけではないので、うわついた紹介になってしまいました。もっとも、彼女たちにまつわる「伝説」の正体はこれかもしれない、と思わせる事実がひとつだけあります。すでに触れていることですから、思い出してください。

それは、「ひのえウーマン」のほぼ半数が第一子、つまり兄姉をもたない「一番上のお姉さん」、もしくは「一人っ子女子」であるということです。その発端は、次子以降の出生抑制を目的とした受胎調節実地指導にあったのでした。

通常の年の第一子比率は45％ほどなのですが、昭和のひのえうまの第一子比率は、男女合わせた出生時統計で約52％、後述する「壮年女性３０００人の人生調査」では、「長姉」が約46％、「一人っ子女子」が約15％で、合わせると6割を超えています。逆にいえば、この生年にはそれだけ「妹」が少ないのです。

そこから先は、きょうだい順位と性格特性、きょうだい順位と高等教育進学、きょうだい順位と婚姻……などということで、一般にいわれる長子（長女）のパーソナリティ、家族内での役割、人生上のメリットなどに接続することができます。「気が強い」とは必ずしもいわれていませんが、長女気質でしっかり者の「お姉さん」たちが多い？　親と親密な関係を続けている人が多い？　というようなことです。

ただ、出生順位による性格や人生経験の異なりは、一部で有意性が確認されているというだけで、効果のサイズはいずれもごく小さいものです。それに「姉」が多く「妹」が少ないといっても、他の生年との異なりはせいぜい10％ポイントほどです。そこに性格特性のわずかな差を掛け合わせていくわけですから、それがこの生年の女性一般の特性として表れているとみるのは、さすがに無理があるでしょう。

ひのえうま女性の性格をめぐっては、江戸期以来の迷信がいちおうは継承されていましたので、諸説に目を配ってみました。しかし結論としては、昭和のひのえうまには旧来の俗説はあてはまっていません。客観的な実態については、後ほど「壮年女性3000人の人生調査」によって確かめますが、ひのえうま女性の「気が強い」伝説は、現代女性に八百屋お七の「亡霊」をみているにすぎないようです。

コーホートサイズとひのえうま学年

それでは、昭和のひのえうまにはみるべき特性はないのかというと、もちろんそうではありません。いうまでもなく、そこにはこの生年の同年人口が著しく少ないという事実があります。よってここから、ひのえうま現象を扱うキーワードを切り替えることにします。

以後の主要論点は、1966（昭和41）年のコーホートサイズ（同年人口）が、前後の年と比べて少ないこと、すなわち人口ピラミッドのあの切り欠きが、いかなる作用をもったかということへと移っていきます。

このことについては、「ひのえうま生まれは、競争相手の数が少なく、何かと得をした幸運な生年だった」という、迷信厄難とは正反対のことがいわれてきました。ことによると、こちらのほうがよく語られてきたかもしれません。結論を少しだけ先取りしておくと、確かにこの「レアもの」世代は、右肩上がりに成長していた日本社会において、人知れず、ささやかな人生上のメリットを積み重ねています。

これまでこの生年のコーホートサイズを約136万1千人とみてきました（人口動態統計）。しかしこの数について、まず見直しておくべき点があります。ひのえうま生まれの境界について、捉え方によって3つの区分が考えられるからです。

ひのえうまに限らず、同年集団といえば実質は学校教育における同学年を指します。これは年度の区切りに従っているので、翌年の1月から3月生まれは、「早生まれ」として前年生まれの人たちと同学年になります。[20] このことを考慮すると、昭和のひのえうまは、先に著名人のリスト（表4－1）でみたとおり、次の3つのグループに分けられます。

Ⓐ　**ひのえうまの早生まれ**
早生まれとして前学年に入る1966（昭和41）年1～3月生まれ

Ⓑ　**ひのえうまコア・グループ**
ひのえうま生年で、ひのえうま学年を構成する4～12月生まれ

Ⓒ　**翌年の早生まれ**

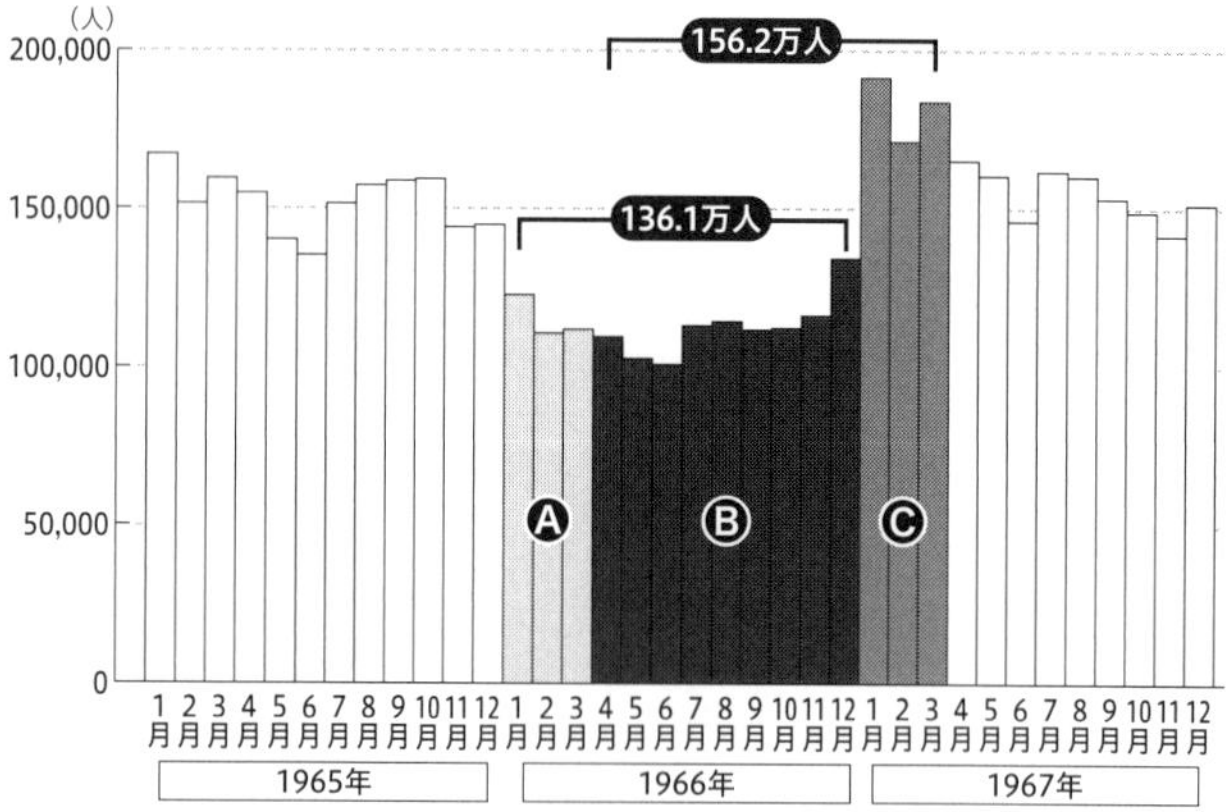

図4-2　ひのえうま生年とひのえうま学年

早生まれとしてひのえうま学年に入る
1967（昭和42）年1～3月生まれ

図4-2のグラフでは、トーンの違いでこれを表現しています（人口動態統計）。ここからわかるのは、1966生年前後については、Ⓐの数が少なく、Ⓒが著しく多くなっているということです。暦年と学年の人数のズレがこれほど大きいのは唯一この年だけのことで、その他の年では同生年と同学年の差はほとんどありません。

昭和のひのえうまは、人口統計としてはⒶの34万5千人と、Ⓑの101万6千人を合わせた約136万1千人といわれてきました。しかしひのえうま学年をみる場合は、Ⓐに代わってⒸ

の54万７千人が加わるため、約１５６万２千人となり、およそ15％も多くなるのです。

次の図４‐３には、周辺の同年人口を暦年単位で示しています。ここでは人口動態として言及してきたひのえうまの深い切り欠きと、山―谷―山の３年間の推移をあらためて確認できます。他方、図４‐４には、それぞれの年の同学年人口を示しています（人口動態統計）。こちらでは前後の年の山が消え、谷が浅くなっています。とくに、前学年にはⒶひのえうまの早生まれが含まれるため、山ではなくむしろ微減となり、従来「３割減」などといわれてきた前年比は、９・２％減と小幅なものになります。後学年のほうは、ひのえうま生年を含まず出産先送りの増分だけを含むため、18・５％増となっています。学校制度の年度の切り分けをみるとき、同年人口の増減の凹凸はかなり緩和されてしまうのです。

ここまで本書では、ひのえうま生まれについて人口動態統計における同年人口をみてきました。しかし日本社会では、同年生まれではなく同学年集団が、学齢期はもちろん、成人式（はたちの集い）でも、企業などの入社／入職の機会でも、末は定年退職のタイミングまでも、「同い年」として扱われます。

そこでこの先では、人生の歩みをみるという関心から、Ⓐひのえうまの早生まれを含まず、代わりにⒸ翌年の早生まれを含む約１５６万２千人について、ひのえうま学年として注目し

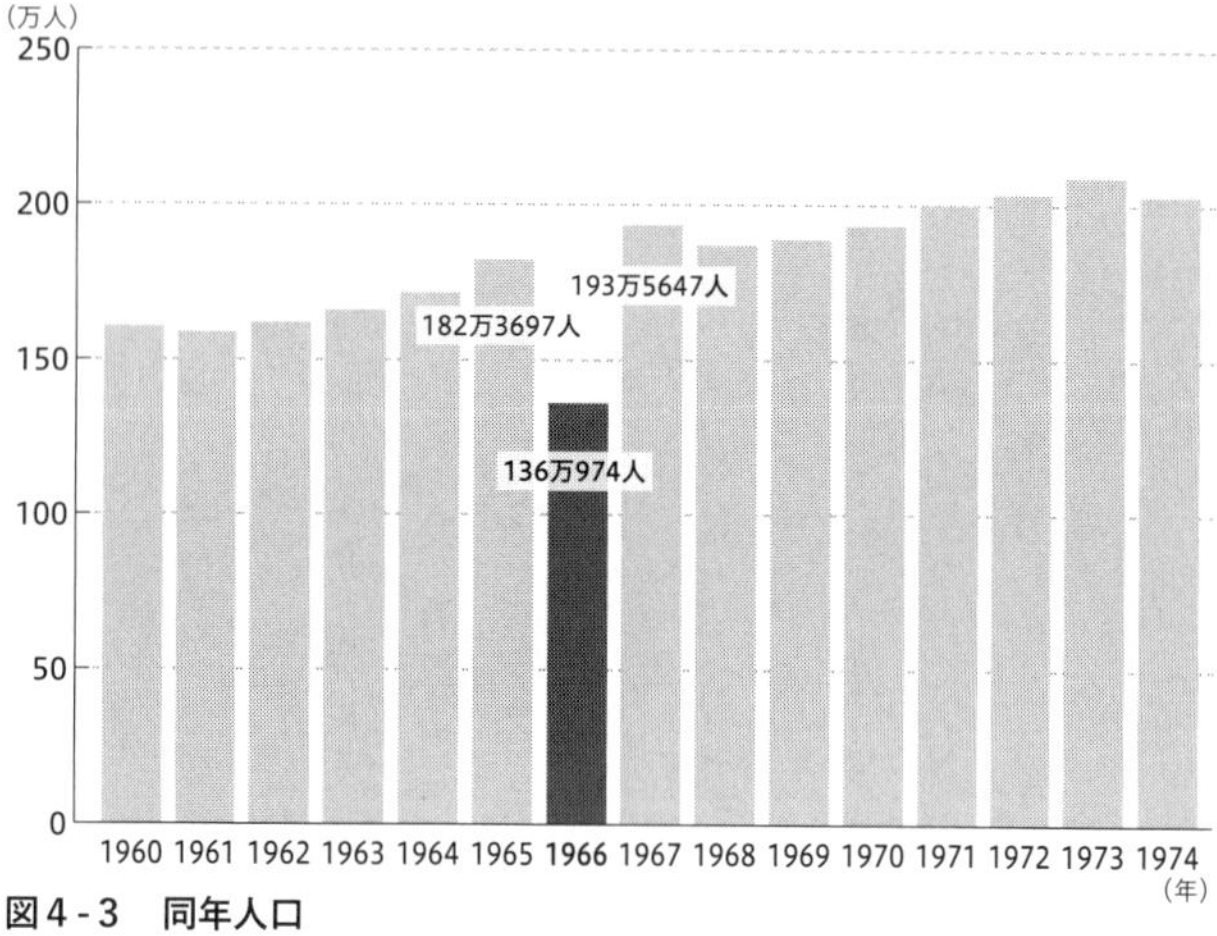

図4-3　同年人口

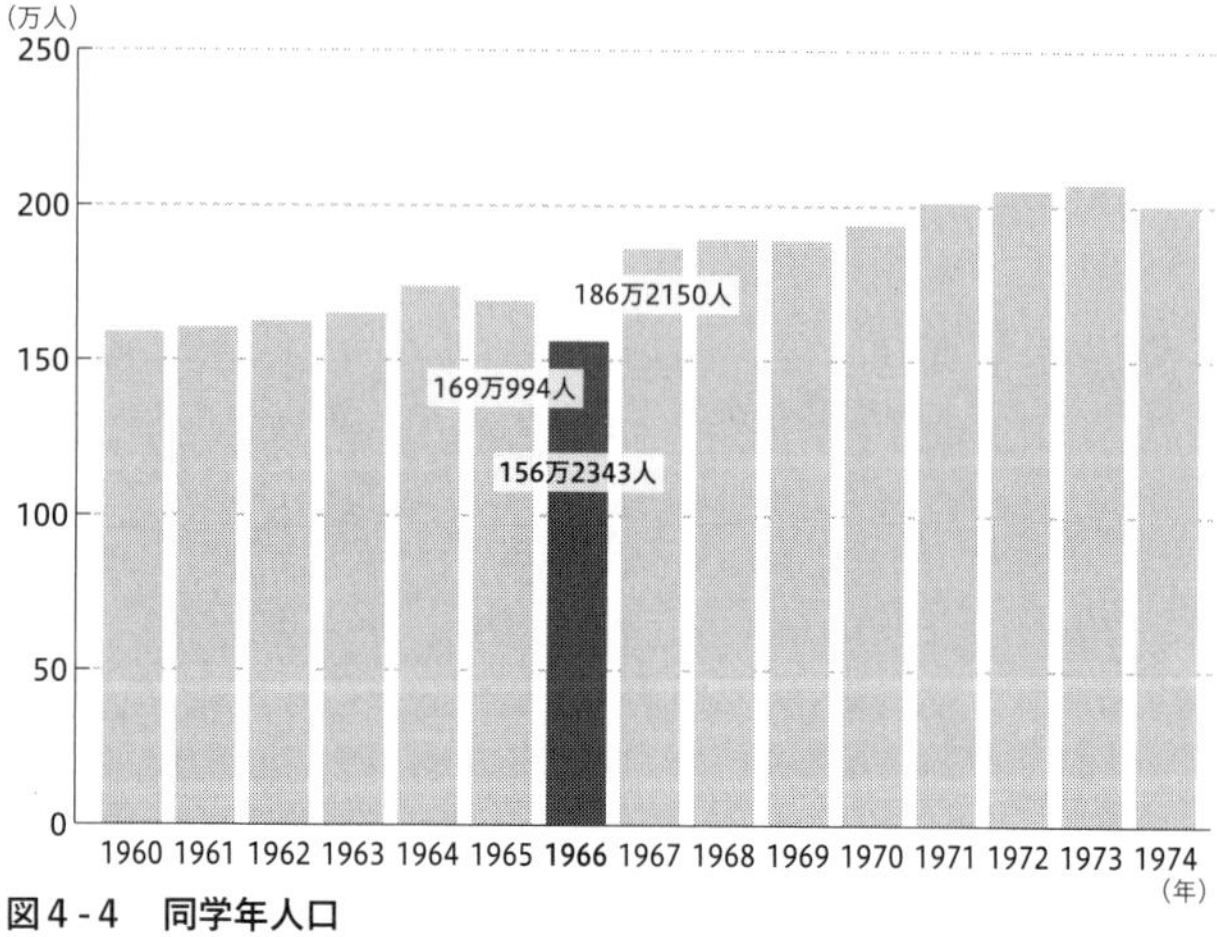

図4-4　同学年人口

ていくことにします[21]。ひのえうまの人口面でのインパクトは、こうしてデータを見直すごとに小さくなっていくのですが、この緩和された影響のほうが、実質上の人生経験に即したものなのです。

ゆとりがあった義務教育

ひのえうま学年の未就学期は１９７０年前後でした。大阪万博からオイルショックまでの高度経済成長期の終盤にあたります。ちなみに、この学年の幼稚園就園率（年長）は56・2%でした（学校基本調査）。

小学校に入学したのは１９７３（昭和48）年です。子どもは２人、という標準世帯の子どもたちが小学校に通っている時代でした。漫画『ちびまる子ちゃん』の作者さくらももこは、１歳上の１９６５（昭和40）年生まれです。同作では作者の小学校時代が描かれていますので、おおよその時代背景はそこからイメージできると思います。

では、この学年のコーホートサイズの小ささは、義務教育においてどのように作用したのでしょうか。学校基本調査をみると、同年児童数は当然ながら前後の年よりも少なく、前学年の約94%、後学年と比べると約84%にすぎません（表4-2）。

	小学校 入学時 児童数	学級数	平均 学級 児童数
1965学年	1,666,498	47,250	35.3
1966学年	**1,564,124**	**45,325**	**34.5**
1967学年	1,859,908	52,030	35.7

表4-2　ひのえうま学年前後の児童数と学級数

けれどもこのとき、学校側は児童数に合わせて学級数を減らす対応をしています。そのためひのえうま学年では、全国の約２万４千６００校の小学校のうち約２千校で、前の学年より学級がひとつ減らされ、次の学年では約７千校、つまり全国の小学校のうちの約28%で学級増が生じています。現在の50代、60代の人たちのなかには、小中学校のとき、この学年だけ学級数が少なかったことを覚えている人がいるかもしれません。

この学級数の調整のため、ひのえうま学年の生徒たちが受けた教育の密度には、コーホートサイズが小さいことの有利さがそのまま反映されたわけではありませんでした。ひのえうま学年の１クラスの平均児童数は34・５人と、前後の年よりもおよそ１人少ないだけだったからです。コーホートサイズの小ささの恩恵は、ここでもさらに目減りしているということになりますが、それでもＳＴ比（教員１人に対する児童数）は、前の学年を１００としたとき、ひのえうま学年では97・8、後の学年を100とすると96・6となります。

データを追っていくと、前後の学年間の学級数の凸凹は、中学卒業までの9年間ほぼ同じかたちで維持されています（学校基本調査）。よってひのえうま学年は、義務教育においておよそ2〜3％のメリットを持続的に享受できたということができます。ただし、それが知識・技能の習得において、他学年との間にどの程度の差を生じさせたのかまでは、明らかではありません。

気付かれなかった競争の有利さ

それでも、同一学年内で競うものごとについては、母集団の規模がそのまま確率としてあらわれます。境界の見直しによって目減りしても、なお人数が少ないひのえうま学年では、他学年よりもチャンスが大きかったということになります。

具体的にいえば、運動系の競技大会であれ、芸術や文化のコンクールであれ、学校内、市町村内、都道府県内、全国における賞の数は、どの学年も同じだけ用意されていますから、競っている人たちの総数が少なければ、その分だけ入賞する確率は高まります。同じ理屈で、入試の模擬試験などで「成績上位○人」に入る確率も、前後の学年よりも1割ほど高かったのです。

周辺で最も同年人口が多かった7学年下の1973（昭和48）年生まれ（学年）と比べてみると、確率は約1・35倍です。団塊ジュニア世代が、それだけ不遇だったということでもあるのですが、ひのえうま学年が、何かにつけて高く評価されやすい学校教育環境にあったことは間違いありません。[22]

同学年内で競い合うものごとで、最も重要なものは入試です。この学年の前後では小学校・中学校受験者はまだ多くはなかったので、高校入試以降をみていくことにします。

この学年が高校に入学した1982（昭和57）年、高校進学率は94・3%でした。時代状況としては、日本社会はすでに高卒当然社会（香川めい・児玉英靖・相澤真一 2014）に達しており、高校は、ほぼ「全入」の状態でした。中途退学率（在籍者数に占める中途退学者数の割合）は2・2%前後で、現在の約1%より多かったようです。

この高校入試でもやはり、コーホートサイズの小ささによるメリットを確認できます。表4-3に示したとおり、ひのえうま学年の高校の進学者は約146万8千人で、前年よりも11万4千人も少なかったのですが、募集定員のほうは、約5万5千人しか減らされていません。しかし翌年は、高校入学者が約27万人増えたのに対して、募集定員は約17万人しか増やされませんでした（学校基本調査）。

高校側は、ひのえうま学年については、各学校の収容力に合わせて、前年とほぼ同数の生徒募集を行ったのでしょう。そして次の学年では、来るべき団塊ジュニアの入学者増を見越して、学校や学科の新設、校舎の増築などで募集定員を増やしはしたものの、受験者数急増に追いつかなかったのでしょう。

	入学者	募集定員	定員充足率
1965学年	1,581,772	1,641,393	0.964
1966学年	**1,468,233**	**1,586,014**	**0.926**
1967学年	1,739,093	1,760,592	0.988

表4-3　ひのえうま学年前後の高校進学状況

結果的に、募集定員に対する入学者の充足率では、前年が0・964、ひのえうま学年が0・926、翌年が0・988となっています。ひのえうま学年の高校入試は、前の学年の1・04倍（オッズ比）、次の学年の1・07倍（オッズ比）、志望校に合格しやすいものであったのです。

以上のとおり、ひのえうま学年は、1973（昭和48）年の小学校入学から1985（昭和60）年の高校卒業まで、教育の密度において2

〜3％、評価のされやすさで8〜19％、高校入試では4〜7％有利な環境にあったことが明らかになりました。

けれどもこれは、事後に数字をみてわかることです。義務教育と高校では、他学年に移動することはほとんどないので、当事者たちは差を実感することはありません。そのため、何かと有利だったひのえうま学年も、割を食ったかたちで不利であった直後の学年や、同年人口が多い分だけ競争率が高かった団塊ジュニアの学年も、「こういうものだ」と気に留めなかったのです。

もしかしたら、当時の教育関係者のなかには、学年ごとのチャンスの違いに気付いていた先生方もあったかもしれません。しかし、ひのえうま学年の学齢期における大きすぎないメリットは、政策上はお構いなしとして黙認されたのです。40年以上も前に済んでしまったことなのですが、本書以前には確認されていなかった事実です。

好条件下での高卒就職

こうして迎えたのが1985（昭和60）年の高卒進路選択です。この学年の高卒就職率は41・1％、短大進学率（高専在籍者を含む）は11・1％、四年制大学進学率は26・5％、専門学校進学率（専門課程＋一般課程）は14・7％でした（学校基本調査）。

大卒／非大卒フィフティ・フィフティの学歴分断社会（吉川徹2009）に至る以前なので、主流派は高卒就職者でした。この時代の高卒就職では、いわゆる一人一社制が、今よりも確実に行われていました（苅谷剛彦1991）。就職希望の生徒に対して、職業安定所（現在のハローワーク）と高校の進路指導教員が連携して、一人ひとりに競合しない就職先民間企業を斡《あっ》旋《せん》する制度的枠組みです。

適切な人材を送り出す／受け入れた人材を安定雇用する、という高校と企業相互の間で長年築かれた実績関係に基づいて、確実に受け渡された18歳の若者たちは、多くがその後に正規職長期雇用の人生を歩みました。昭和の終わりのこの時代、高卒就職者たちは、男性であれ女性であれ、こうして日本型雇用システムに包摂されることができたのです。だからこそ、高卒就職者は18歳でやり直しの利かない極めて重要な岐路を迎えていたのです。

その機会にかんして、この年には三つの有利な条件が重なっていました。第一は、いうまでもなくコーホートサイズの小ささのため、競い合う相手の総数が、前年の約9割、後年の約8割と少なかったことです。企業側からの新卒求人は、学年人口にかかわらず提供されますので、分母の小ささがそのまま求人倍率に反映されたのです。

第二は、このとき日本経済は好況期に入りつつあり、企業側からの求人数が前年よりも増えたということです。結果的に、高卒求人倍率は1・76倍で、前年の1・54倍よりも14・2%、後年の1・60倍よりも10・0%有利であり、就職率は99・2%でした（厚生労働省）。

当時の新聞記事では、「高卒者の求人倍率が上昇したのは、丙午の影響による出生減で高卒者数が少なく、就職希望者も約48万2000人と前年より6・7%減った半面、求人数が景気回復を反映して約83万8000人と、前年より5・6%増えたためだ」（朝日新聞1985年5月1日）と説明されています。

高卒者数が少ないうえに就職希望者が減ったのは、この学年の高卒者の一部が「広き門」となった高等教育や専門学校進学のほうに流れたためで、これが三つ目の好条件です。

もっとも、この学年以降はしばらく好況期が続いたため、高卒求人倍率は1・5〜1・6倍で推移し、やがて2倍を超えるに至りました。バブル経済の後押しで、若年雇用全般が極めて良好な時期だったのです。

フリーター、派遣社員、契約社員などの言葉が使われることが、まだほとんどなかった時代です。ひのえうま学年の専門学校卒業者約20万人もまた、この好況期に20歳前後で初職就業したため、企業側から期待される若年（正規）就労者として、順当な職業キャリアを歩み始めることができました。ですからやはり、その後の生年世代と比べると、相当に有利だったのです。

最大のメリットは大学入試

では、同年人口の約４割にあたる高等教育（短大・高専・四年制大学）進学者のほうはどうだったのでしょうか。こちらの内訳は、四年制大学進学者（浪人による次年度以降入学者を含む）が約41万人、短大・高専進学者は約19万人、合わせて約60万人でした。

短大進学者はほとんどが女子で、女子内部においては、依然として短大進学者数が四年制大学進学者数を上回っていました。比率にすると、短大進学率が20・８％、四年制大学進学率が13・７％です。そのため、四年制大学への進学率には、依然として約２倍以上の男女差（男子38・６％、女子13・７％）があったのでした（学校基本調査）。

高等教育の時代的な状況としては、この学年までの10年ほどの間、高卒者数（≒同年人口規模）が漸増していくなかで、入学者数をほぼ一定数に抑える政策がとられていました。そのため高等教育進学率も、四年制大学に限った進学率も、ごく緩やかな低下トレンドにありました。【23】

けれども、ひのえうま学年の四年制大学入試（以下、大学受験）では、募集定員は前年とほぼ同数でしたが、進学希望者が前年の約93％しかおらず、そこに過年度からの浪人が加わりはしたものの、大学受験は「広き門」となりました。

しかし翌年には、現役学年の進学希望者数が大幅に増えたことに、大学側の定員増が追い付かなかったため、四年制大学進学率は大きく低下しました。その後は、団塊ジュニア世代に向かって同学年人口が増えていくのですが、それ以上のペースで大学の入学定員が増やされ、四年制大学進学率は右肩上がりに拡大していきます。

以上の経緯から、日本の高学歴化の状況を示すために用いられる、四年制大学進学率の年次推移のグラフを、図4-5のようにひのえうま学年周辺だけに限定してみると、１９８５（昭和60）年の進学率は、26・5％と突出した高さを示します（学校基本調査）。

推薦入学、今でいうところの「年内入試」の枠が少数であったこの当時、大半の四年制大学進学者は、一般受験をしていました。その受験の関門の広さ（同学年人口における大学進学者の比率）は、なんと前年の約１・09倍、翌年の１・12倍（ともにオッズ比）だったのです。これは、ひのえうま学年が享受した、コーホートサイズの小ささによるメリットのうちで最大のもののひとつです。

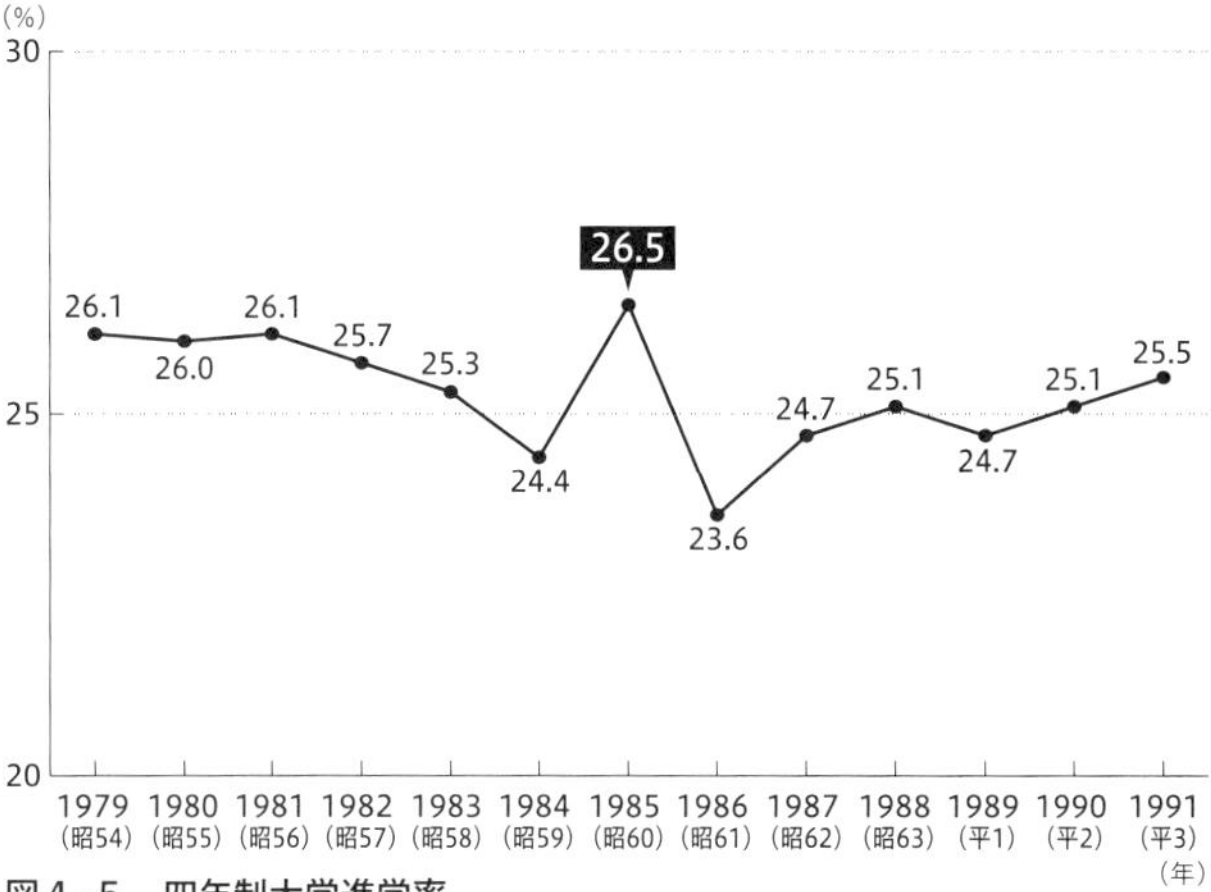

図4-5　四年制大学進学率

その大学受験においては、すでに国公立大学入試の共通一次試験（大学入学共通テストの前身）が定着しており、四年制大学進学者の約78%にあたる32万人が受けています。この時代にはまだ、共通テストに私立大学は参加していません。ここでもこの年の有利さは際立っており、新聞では次のように報じられています。

六十年度の国公立大学共通一次試験が二十六日午前十時から、全国百二十九大学、二百八十四会場で一斉に始まった。今年は高校三年生が丙午（ひのえうま）年生まれで前年より十一万人少ないのに伴って、共通一次の志願者総数は三十三万六千人と過去最低で、共通一次史上、今回が「最も広い門」になっている。しかも一時間目の「国語」を実際に受験したのは三十二万二千人で、受験倍率は三・三倍（五十九年度同時点では三・五倍）だった。（日本経済新聞１９８５（昭和60）年1月26日）

共通一次試験を受ける受験生は、当然ながら国公立大学を第一志望としていました。ただし、二次試験の受験が許されていたのは1校のみという時代でした。そこに不合格であったときには、「すべり止め」とされた私立大学に進学するか、受験浪人をしていたのです。

ところが、記事でも示唆されているとおり、この年は受験者総数が少なかったために、「本命」に合格しやすくなっていたのです。[24] 赤林（2006）は、この学年の国立大学への進学が、コーホートサイズの小ささのために、男女ともに他の年よりも有利であったことを、成人後の社会調査データで確認しています。ちなみに、私は現在勤めている国立大学の学部を受験したのですが、一般選抜試験は例年ほぼ2・5倍前後の競争率であるところ、この年に限っては1・38倍でした。

こうしてひのえうま学年は、迷信から巡りめぐって生じた大出生減の思いがけない恩恵として、他のどの学年よりも少しだけ密度が高い初等・中等教育を受け、他のどの学年よりも全国大会出場や入賞のチャンスが多めで、他のどの学年よりも高卒就職が有利で、大学受験が広き門であるという、幸運な青少年期を歩んだのです。

元年入社のバブル世代

昭和のひのえうま学年の大学進学者が就職活動をしたのは、１９８８（昭和63）年の春から夏の時期でした。年明けに元号が変わったため、入社・入庁は平成元年の４月、「元年入社」となりました。

大卒就職活動は、いわゆる就職協定のもと、現在とほぼ同様のリクルート活動ののち、10月１日に内定式、４月１日に入社というシステムでした。就職先民間企業に、国有の公社から民営化して間もない、ＮＴＴ、ＪＴ、ＪＲなどが名を連ね始めた時代です。

この年の大卒民間企業就職希望者は、約26万３千人で、求人倍率は２・68倍でした。大学新卒求人の推移を示した図４‐６からは、次のことがわかります（リクルートワークス研究所）。

大卒就職希望者数は、同年人口の増減とおおよそ連動した動きをするため、ごく緩やかな増加傾向で、大きな変動はありません。しかし求人総数のほうは、ときどきの景気動向を反映して目まぐるしく変動します。ひのえうま学年が就職した年には、こちらのほうが右肩上

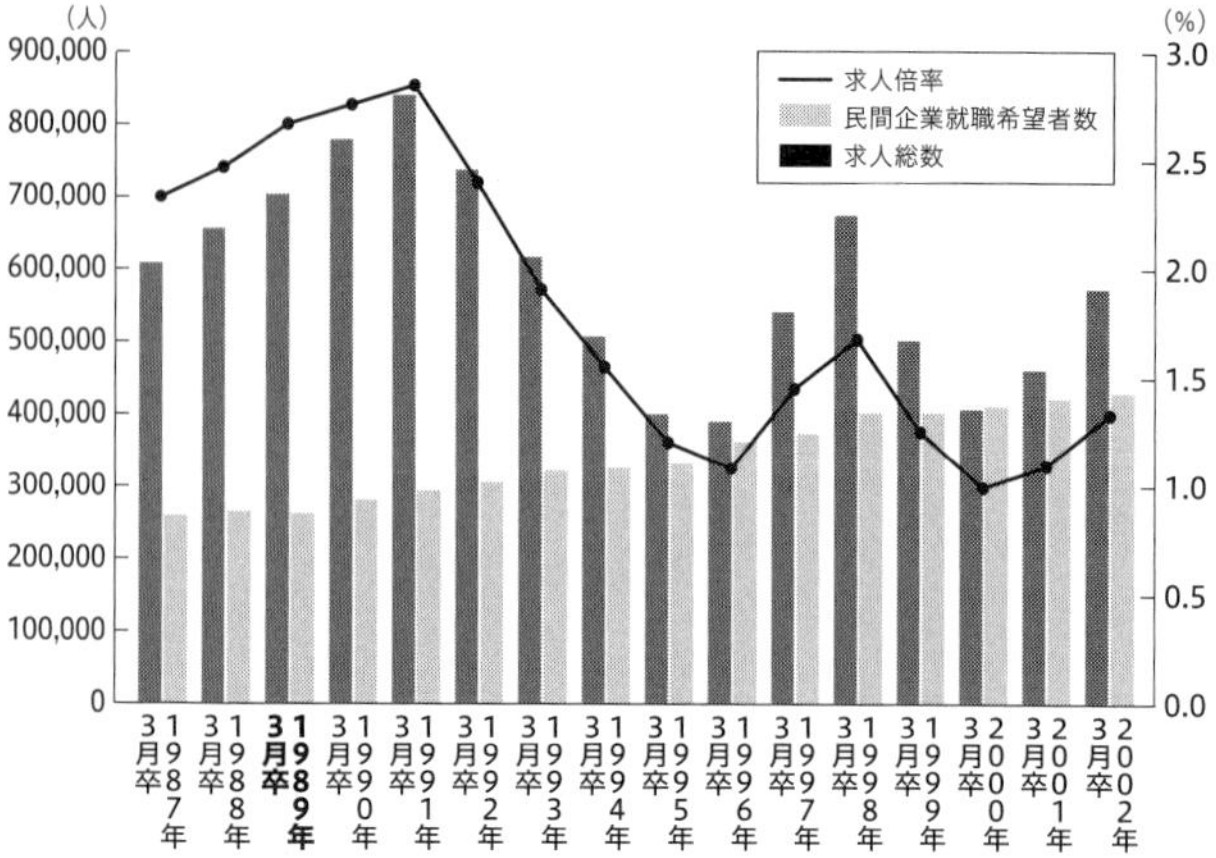

図4-6　大学新卒求人の推移

がりの局面にあり、その恩恵がありました。図の折れ線グラフからは、この年の求人倍率が、その翌々年、翌年に次いで、史上3番目の高さであったことがわかります。

そのため当時の就活生の認識は、求人倍率が史上最高を更新し、学生にとって非常に有利な超売り手市場の就職戦線であるというものでした。[25]これも、当時の新聞報道で振り返ってみましょう。

> 日本経済新聞社がまとめた上場企業を中心とした全国主要二千二百四十九社の六十四年度新卒者採用計画調査（七月中旬時点）によると、採用予定数は今春採用実績より一八・三％増と三年ぶりに増加した。この

うち特に急増しているのが大卒採用で同二七・七％増。（日本経済新聞１９８８（昭和63）年８月１日）

大学生向け企業説明会を前に19日、リクルートリサーチが来春の大学卒業生に対する求人倍率を調べたところ、学生側の「売り手市場」が一段と進んでいることがわかった。求人総数に対して、就職希望者の不足数は、41万６０００人。なかでも、理科系の学生を採用しようとする企業が、製造業で大幅に増えている。（朝日新聞１９８８（昭和63）年８月20日）

女子の大卒就職にかんしては、２学年前にあたる１９８６（昭和61）年に、大きな変化がありました。男女雇用機会均等法の施行です。この学年の新規大卒採用では、企業側の採用人事の体制も確立し、それまでの女子は一般職、男子は総合職という方向付けが完全に改められ、四年制大学卒女子には男子と同じ機会が保証されました。前後の生年を含めて「均等法第一世代」などと呼ばれることもあります。

実質としては、採用や待遇の男女差は完全には解消されていなかったのですが、ひのえうま大卒女性は、雇用制度面では、現在にも通じる新しい時代の幕開けをみた世代であったのです[26]。

ここで確認しておきたいことは、ひのえうま学年の「就活」を有利にした主因は、コーホートサイズの小ささではなかったということです。このとき求人倍率を押し上げていたのは、あくまで労働市場の側の要因、のちにバブル経済と呼ばれることになったおりからの好況であり、女子については、そこに男女差を撤廃する制度改正が重なったのです。

図4-6において、民間企業就職希望者数の棒グラフをみると、競い合う相手の数が少ないというひのえうま学年本来の特性は、もはや切り欠きとして確認することができません。その理由は以下です。一般に高校卒業後には、浪人、海外留学による休学、留年などのため学年がズレることが多くなります。ひのえうま学年には、前後の年度と同じだけの「椅子」が用意されており、そこに徐々に前の学年からの流入があったのです。そのため、大学を卒業して社会に出ていく段階では、コーホートサイズの凸凹が埋まってしまっていたというわけです。

続いて社会人になると、今度は「同期入社」が同年集団となります。「元年入社」の四年制大学卒新人の中核は、依然ひのえうま学年ではあったのですが、この時点ではかなりの数の入れ替わりが生じていたものと考えられます。そしてそもそも、同期内で限られたチャンスを競い合うことも次第に少なくなっていきます。そのため、ひのえうま学年のコーホートサイズの小ささがもたらしてきたメリットは、初職就業以降には、ほぼ消失したものとみることができます。

それでも昭和のひのえうまの男女は、極めてよい巡り合わせで社会に出て、平成不況がいわれるなか、そのまま定年が見通せるところまでうまく「逃げ切る」ことができました。世代論では、その前後の生年も含めて「バブル世代」という呼ばれ方をされています。昭和のひのえうまは、その中核をなす生年に他ならないのです。

これに対して、かれらの数年下の氷河期世代、さらに若年のロスジェネ世代は、社会経済的な情勢との巡り合わせが悪かったために、就職活動では苦戦を強いられ、社会に出た後も非正規雇用や不利な雇用条件、低賃金、解雇や雇い止めなど、不安定な職業生活に長く苦しみました。その意味においては、昭和のひのえうまは、間違いなく幸運な生年であったといえるでしょう。

「壮年女性3000人の人生調査」

　ここまで、昭和のひのえうまについて、女性の「気が強い」は、信ぴょう性に欠ける、学齢期と高卒就職／大学受験では、コーホートサイズの小ささのメリットがあった、大卒就職活動では、よい時代の巡り合わせのなかで、「バブル世代」として社会人生活を歩みだすことができた、ということを示してきました。

　これらの帰結として、昭和のひのえうまの人生の諸局面におけるメリット／デメリットの実態がどのようなものであったかを確認していきましょう。

　すでに、山田（Yamada 2013）は、ひのえうま迷信の真偽を検証する目的で、ライフイベントについて、ひのえうま女性に周辺の生年の女性と比べて不利があったか、あるいは同年男女間に差があったかをデータ分析しています。そこでは、学歴、婚期、婚姻率、夫学歴、夫との年齢差、世帯収入、夫婦の支出割合、家庭内での家事分担の度合いなどが検討されています。けれども、いずれについても、ひのえうま女性だけが特段に不利益を被っていたり、特別な傾向をもっていたりするという証拠は見出されていません。[27] 赤林（Akabayashi 2008）も、複数のデータを用いて分析を試み、おおよそ同様の結果を得ています。ただし、既存の調査データは幅広い世代を対象として設計されているので、その二次分析では、この生年／

学年のケース数を十分に確保することが難しく、大まかな傾向しかわからないという限界がありました。

そこで、昭和のひのえうま前後の生まれの女性だけに絞って、十分なケース数のある調査を新たに実施し、50代後半になった時点で彼女たちが振り返った人生をみることにしました。

調査内容は、母親の生年、きょうだい順位ときょうだい数、学歴、職業経験、結婚、子育て、孫の有無、人生についての評価などで、ここまでに示してきた事実を再確認する項目も一部含まれています。

調査方法はインターネット調査で、クロス・マーケティング社の登録モニターを利用しました。対象は、昭和のひのえうま前後、1965（昭和40）年、1966（昭和41）年、1967（昭和42）年の3カ年に出生の女性各1000人、計3000人です。無作為抽出によるものではありませんが、既存調査の同じ年齢幅のデータと比べると、およそ10倍のケース数があります。

調査実施は2024（令和6）年6～7月で、対象者が56～59歳の時点での回答となります。残念ながら、男性は調査対象としていません。

本書では、昭和のひのえうまについて、いつからいつまでの生まれをいうのか、その境界にこだわってきました。ここでは、これを受けて昭和のひのえうまとその前後の生まれの女性たちについて、先述したⒶⒷⒸの3つの出生グループに前後の生年集団を加えた五つの出生グループに分けてみていきます。

① 前年生まれ（1965年1～12月生まれ）
特性：●迷信対象外（出生減なし）、●ひのえうま学年外

Ⓐ ひのえうまの早生まれ（1966年1～3月生まれ）
特性：○迷信対象（出生減あり）、●ひのえうま学年外

Ⓑ ひのえうまコア・グループ（1966年4～12月生まれ）
特性：○迷信対象（出生減あり）、○ひのえうま学年

Ⓒ 翌年の早生まれ（1967年1～3月生まれ）
特性：●迷信対象外（出生減なし）、○ひのえうま学年

②　翌年の次学年（１９６７年４～12月生まれ）
特性：●迷信対象外（出生減なし）、●ひのえうま学年外

表４-４はその結果を示したものです。データ全体の数値からは、この３ヵ年に出生した女性たちの標準的な人生の歩みを知ることができます。そしてⒶⒷⒸグループの結果をみることで、昭和のひのえうまの特性を知ることができます。

育った家族と学歴

出生についての情報をみると、母親生年の平均は１９３８～39（昭和13～14）年であり、出産時母親年齢は、おおよそ27～28歳であったことがわかります。これは、第３章で人口動態統計からみた結果と一致しています。そして、母親生年には出生グループ間の異なりはほとんどありません。

出生順位では、一人っ子の比率は15％前後で出生グループ間の差はみられませんが、すでに触れたとおり、弟妹がいる長子つまり「お姉さん」の比率は、Ⓐ１９６６年早生まれで

短大卒（比率）	四大卒（比率）	初婚年齢（年齢）	見合い（比率）	夫と離別（比率）	夫と死別（比率）	ケース数（人）
21.1%	25.4%	28.16	4.8%	14.9%	2.3%	1000
19.8%	21.7%	26.75	9.2%	17.6%	4.8%	273
23.2%	23.4%	28.22	4.6%	15.0%	2.8%	727
22.9%	23.8%	27.56	4.0%	14.6%	1.9%	362
22.9%	23.2%	28.63	5.8%	14.9%	1.7%	638
22.1%	23.9%	27.06	5.2%	15.1%	2.5%	3000

3回以上の転職経験（比率）	浪人・留年・失業・解雇・離別・死別等の経験なし（比率）	50代後半で専業主婦（比率）	孫あり（比率）	ケース数（人）
53.3%	64.9%	29.9%	16.1%	1000
53.6%	62.3%	30.8%	19.4%	273
55.9%	60.5%	31.8%	14.9%	727
55.6%	61.6%	30.7%	13.0%	362
58.9%	62.4%	27.6%	15.7%	638
55.5%	62.7%	30.0%	15.6%	3000

	母親生年（西暦年）	一人っ子（比率）	弟妹がいる長子（比率）	平均きょうだい数（人）
① 1965年コアグループ	1938	16.4%	41.9%	2.27
Ⓐ 1966年早生まれ	1938	14.7%	48.4%	2.35
Ⓑ 1966年コアグループ	1939	15.0%	46.4%	2.29
Ⓒ 1967年早生まれ	1939	13.3%	39.0%	2.33
② 1967年コアグループ	1939	14.6%	39.5%	2.27
全　体	1939	15.1%	42.7%	2.29

表4-4-1　ひのえうま周辺生年女性の人生経験①

	子どもあり（比率）	平均第一子出生年（年齢）	平均子ども数（人）	失業経験（比率）
① 1965年コアグループ	61.2%	28.64	1.83	14.1%
Ⓐ 1966年早生まれ	63.0%	27.60	1.95	13.6%
Ⓑ 1966年コアグループ	58.6%	28.38	1.85	18.4%
Ⓒ 1967年早生まれ	61.0%	27.48	1.87	17.1%
② 1967年コアグループ	56.4%	28.79	1.90	15.2%
全　体	59.7%	28.18	1.86	15.7%

表4-4-2　ひのえうま周辺生年女性の人生経験②

48・4%、Ⓑ1966年コア・グループでは46・4%と、他より5%ポイントほど高く有意差があります。母親たちに対する受胎調節実地指導の意図せざる結果が、60年後にもなお、はっきりと確認できるのです。

きょうだい数はいずれも2・3人前後で、ひのえうまだけの特性はみられません。この数は、1960年代中盤の出生動向調査における完結出生児数とほぼ一致しています。

最終学歴については、出生グループごとにごくわずかな違いがみられます。Ⓐ1966年早生まれでは、短大卒が他より3%ポイント程度、四年制大学卒が他より2%ポイント程度少なくなっているのです。そしてⒷ1966年コア・グループでは、短大卒比率が23・2%と若干高くなっています[28]。これらは、ひのえうま周辺学年の高等教育進学状況の異なりと対応した比率ですが、この調査のケース数でも、いずれも統計的に有意な差ではありません。

婚姻厄難の終わり

続いて、迷信の焦点である婚姻について、50代後半に至った時点で尋ねた結果をみてみましょう。一旦表4-4を離れますが、図4-7にはひのえうま周辺の各生年の婚姻形態を男女別に示しています。データは2020（令和2）年国勢調査で、同年の全数確定値です[29]。調

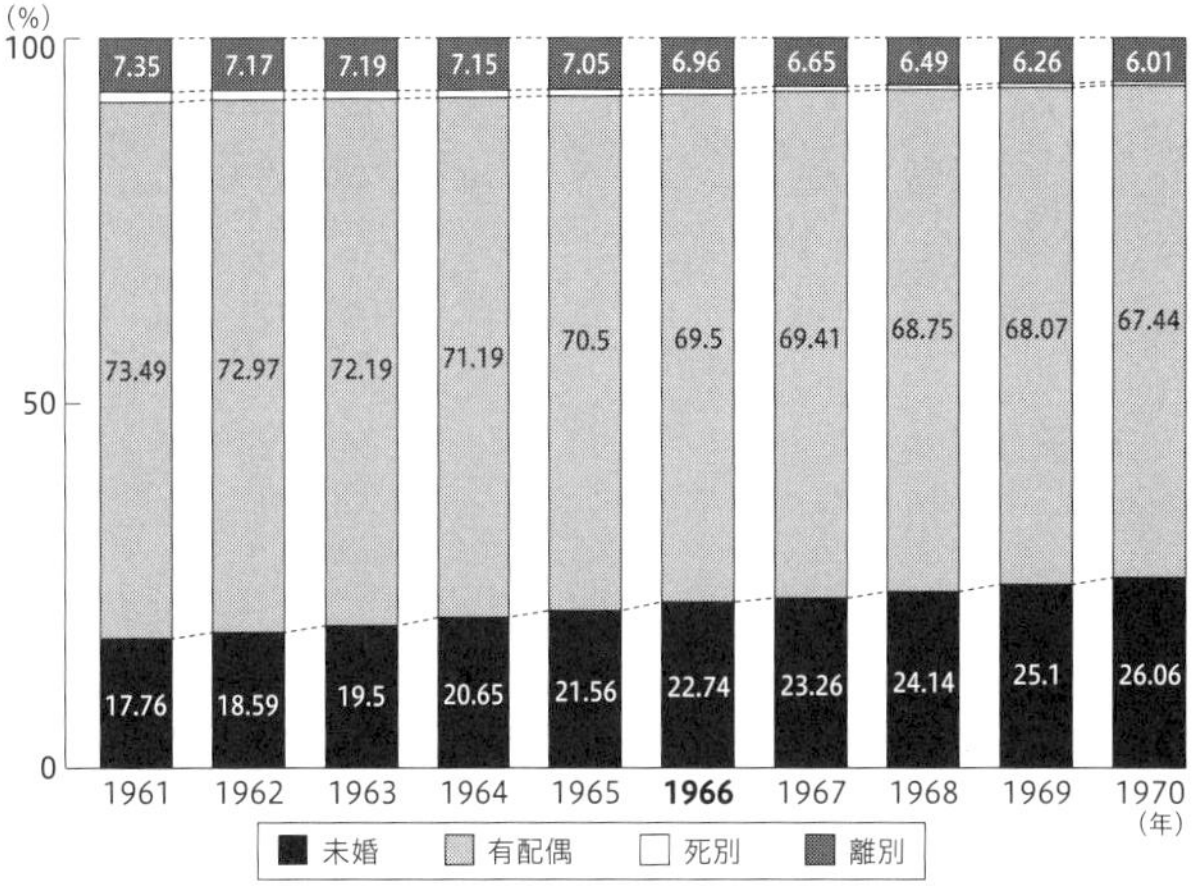

図４-７-１　生年別婚姻状況【男性】(2020年国勢調査)

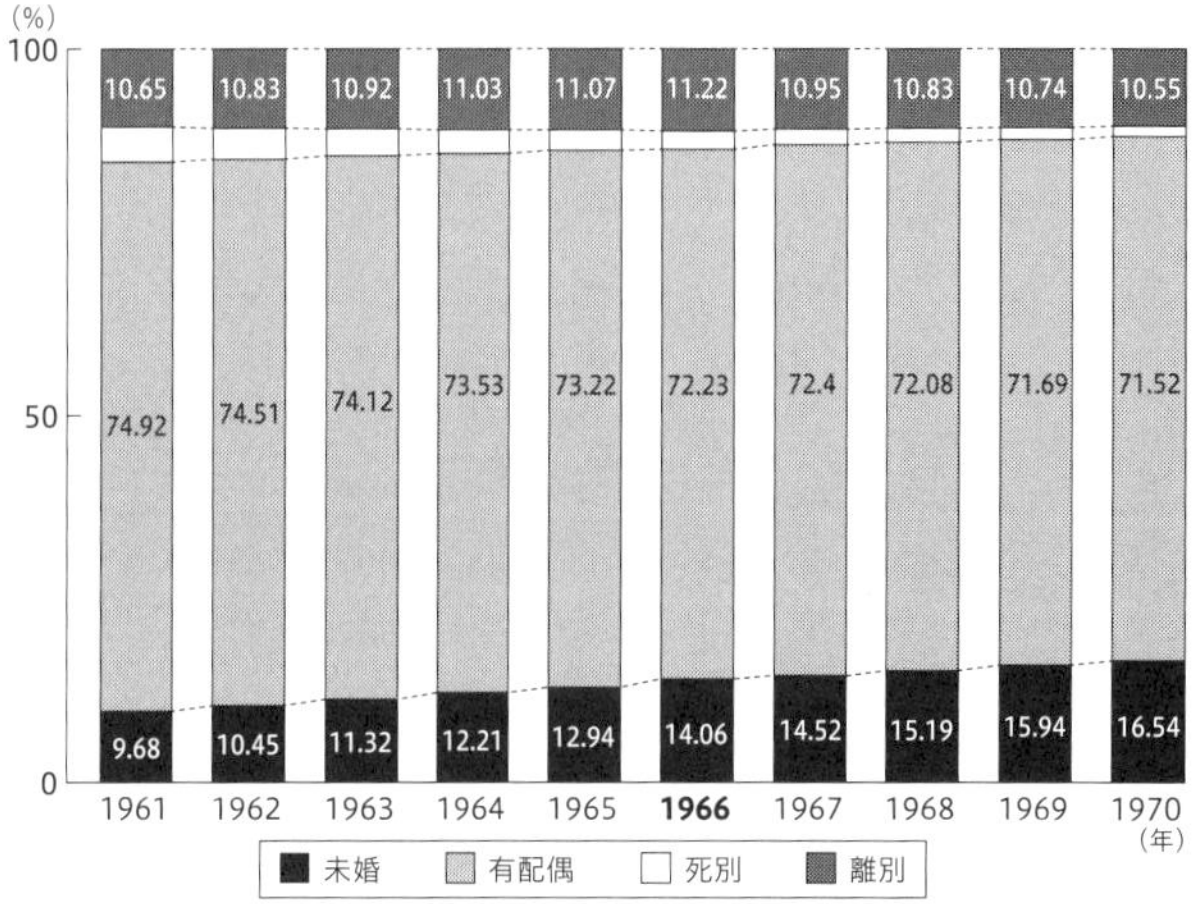

図４-７-２　生年別婚姻状況【女性】(2020年国勢調査)

査のタイミングから、いずれの生年も人口動態調査の生涯未婚率（50歳時未婚率）とほぼ同じ値が得られています。

グラフ全体から読み取れるのは、この生年周辺の日本人男女の既婚率は7割前後、未婚率は男性が2割前後、女性が1割前後であり、男女ともに生年が若くなるにつれて、徐々に未婚化が進行しているということです。

そんななかで、1966年のひのえうま生年だけに、特別な力が加わっているかということが見極めるべき点ですが、結果は一目瞭然です。まず離死別については、前後の年と同様に12％弱であり、「夫と結婚を繰り返す」、「七人の夫を食い殺す」などという俗言は、今さらながら否定されます。

未婚率は、1966（昭和41）年生まれの女性では14・6％、男性のほうは22・7％です。「女性の8人に1人以上、男性のほぼ4人に1人が未婚で還暦!?」というのは、全数データをみた動かしがたい数値であるとはいえ、同年生まれの私にとっては、にわかには受け止めがたい現実です。もっとも、男女ともに趨勢《すうせい》に従った結果であり、やはりこの年だけの特異な動きは確認できません。

続いて、「壮年女性3000人の人生調査」に戻って、夫（初婚時）との年齢関係をみましょう。江戸期には、ひのえうま女性は不相応な相手との結婚を強いられたとされますが、この「不相応」には、女性が初婚であるときに相手が再婚であったり、身分が釣り合わなかったりということのほかに、年齢が離れているということがありました。[30]また、これとは全く別の観点として、相手となる男性のコーホートサイズの凸凹が、女性の婚姻のチャンスに影響している可能性（マリッジ・スクイーズといいます）も、みておく必要があります。[31]

そこで、各出生グループの初婚の結婚相手（夫）の生年の分布をみてみました。その結果は、図４‐８にグラフで示しています。ここからは、この生年前後の女性たちは、全般的に自分と同年か、数歳年長の男性を配偶者とする傾向にあり、とくに知り合う機会の多い同年結婚の比率が高いことがわかります。

出生グループごとの差は、いずれも結果としては有意なものではありません。けれども、分布の形状が左の二つのグラフ、右上段の二つのグラフで類似していることから、夫の年齢については、暦年ではなく学年を単位として傾向を考えるべきであることがわかります。

そしてひのえうま学年では、同年結婚の比率が前学年に比べてやや低く、前学年では逆に同年結婚の比率が高く、１歳下のひのえうま男性との結婚の比率が低くなっています。

右の最下段の後学年（１９６７年コア）の分布では、夫の年齢にひのえうま前後の山―谷

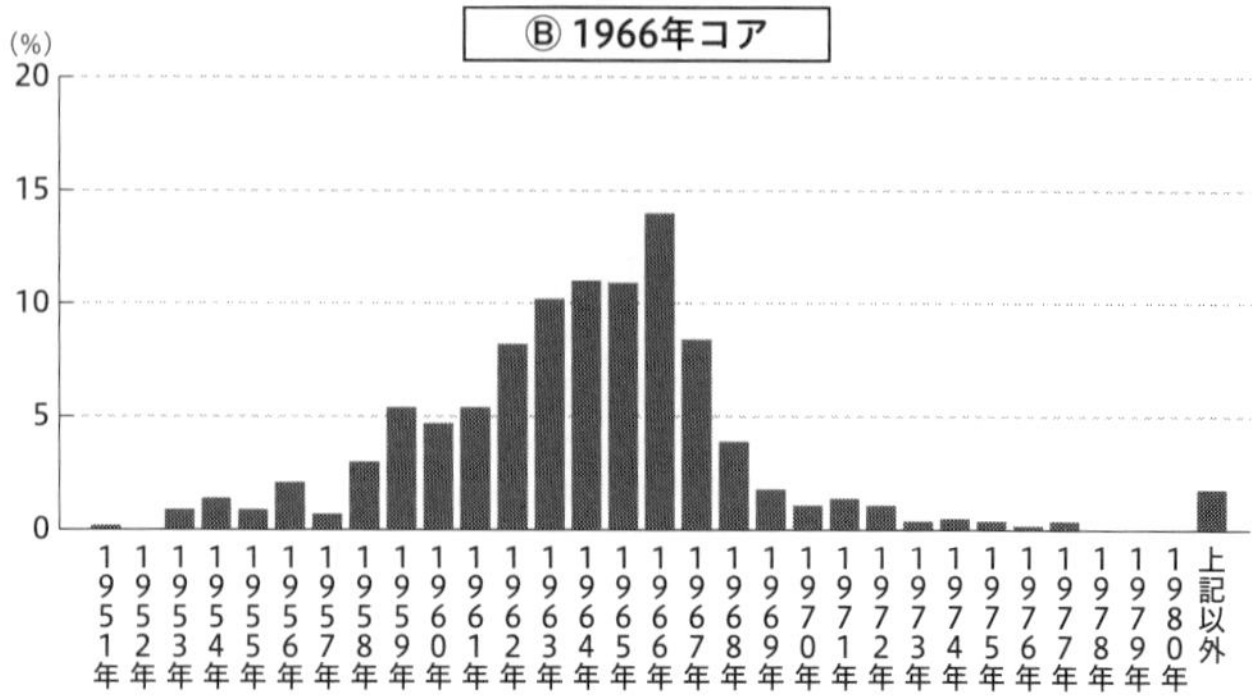
Ⓑ 1966年コア
(%)
20
15
10
5
0
1951年
1952年
1953年
1954年
1955年
1956年
1957年
1958年
1959年
1960年
1961年
1962年
1963年
1964年
1965年
1966年
1967年
1968年
1969年
1970年
1971年
1972年
1973年
1974年
1975年
1976年
1977年
1978年
1979年
1980年
上記以外

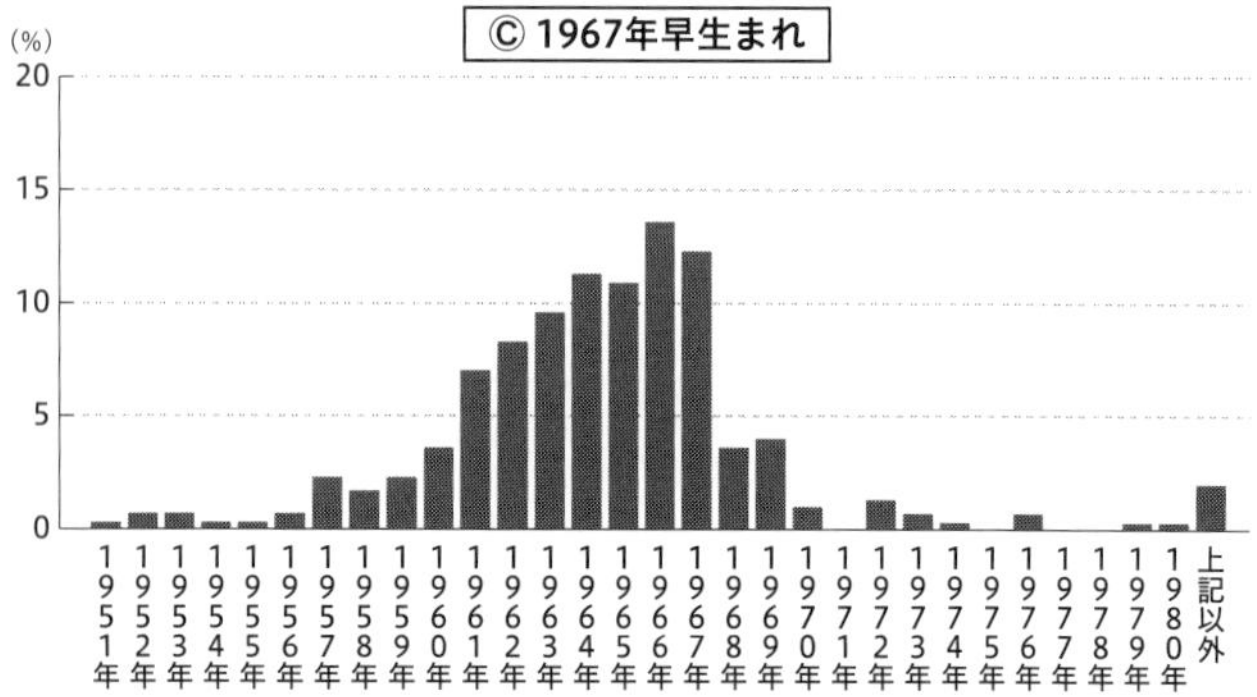
Ⓒ 1967年早生まれ
(%)
20
15
10
5
0
1951年
1952年
1953年
1954年
1955年
1956年
1957年
1958年
1959年
1960年
1961年
1962年
1963年
1964年
1965年
1966年
1967年
1968年
1969年
1970年
1971年
1972年
1973年
1974年
1975年
1976年
1977年
1978年
1979年
1980年
上記以外

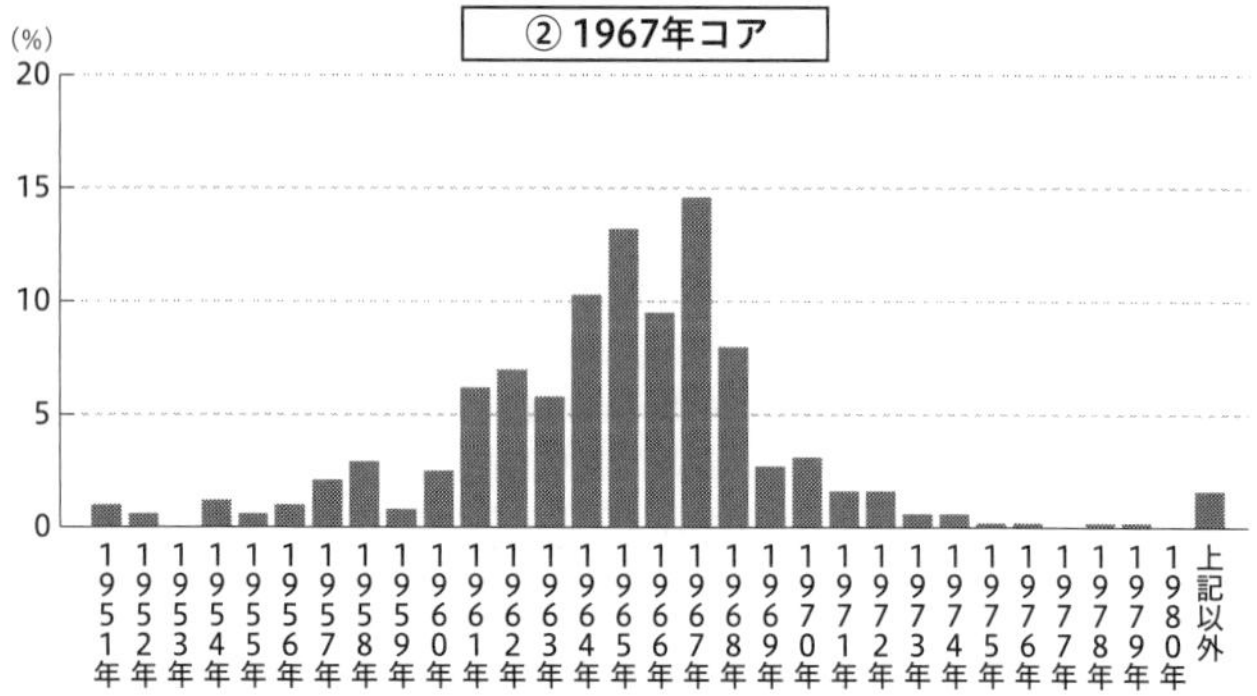
② 1967年コア
(%)
20
15
10
5
0
1951年
1952年
1953年
1954年
1955年
1956年
1957年
1958年
1959年
1960年
1961年
1962年
1963年
1964年
1965年
1966年
1967年
1968年
1969年
1970年
1971年
1972年
1973年
1974年
1975年
1976年
1977年
1978年
1979年
1980年
上記以外

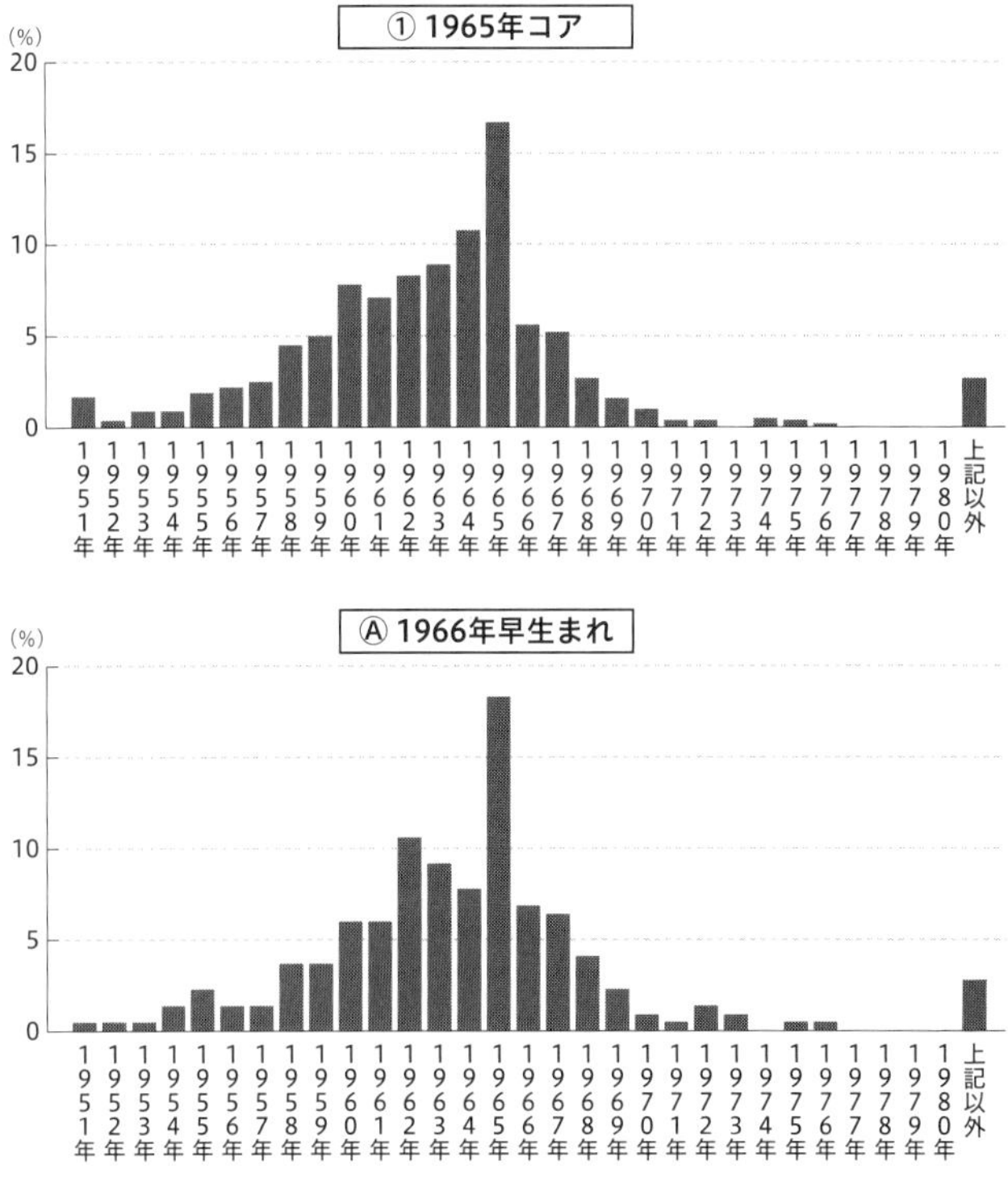

図4-8　出生グループ別配偶者生年

―山の人口分布が反映されています。いずれも、女性側からみた夫婦の年齢差が、マッチングの相手側の男性のコーホートサイズの影響を受けて、少しずつ異なっているものと解釈できます。この傾向は赤林（2007）の分析でも示唆されています。しかし、ひのえうま女性が忌避されたり、不相応な相手との結婚を余儀なくされたりした形跡は、夫年齢からは読み取ることができません。

表4-4に戻ると、初婚年齢は、どの出生グループもおおよそ27歳前後であり、夫との年齢差は2歳前後で、これも人口動態統計と整合する結果となっています。ここでもひのえうま女性の婚期の遅れは一切確認できません。

初婚の夫と知り合ったきっかけについては、この生年世代では見合い結婚が5％前後にとどまっていることがわかります。すでに述べたとおり、ひのえうま生年が重要な意味をもつのはお見合いをした場合です。その比率が著しく小さくなっていることは、弘化や明治のひのえうまとの大きな違いだといえます。しかしここでもまた、前後の生年間の出生グループごとの違いはみられず、ひのえうま生まれのために、特段の不利益はなかったようです。ちなみに恋愛結婚は約66％、友人・知人・親戚の紹介は約21％です。

ここでは婚姻について複数の側面から検討しましたが、未婚率や離死別率、結婚年齢、知り合うきっかけ、配偶者の年齢などのいずれについても、旧来いわれてきた厄難の形跡を確認することはできませんでした。昭和のひのえうま女性には、婚姻をめぐる不利益はなかったことが、エビデンスに基づいて断言できるのです。[32]

思い返すに、1989（平成元）年の礼宮文仁親王（今の秋篠宮皇嗣）の婚約が発表されたとき、お相手（紀子妃）がひのえうまの生まれであることが話題になることはありませんでした。1987（昭和62）年に始まった「サラリーマン川柳」の入賞作をみても、江戸期のようにひのえうまの婚姻を詠んだものは、一句もありません。

同年生まれの女性の婚姻を多く見知ってきた私の見聞のかぎりでも、彼女たちが伴侶を定める際に、ひのえうまが差し障りとなったという例は思い出せません。まして、ひのえうま生まれを苦に命を絶ったという話など、聞いたこともありません。

ひのえうま迷信は、出生時にはあれほど大騒ぎになったにもかかわらず、肝心の婚期には、もはや人びとにほとんど取り合われていなかったのです。享保以降のひのえうまの歴史において、女性の婚姻厄難が生じなかったのは、昭和のひのえうまが初めてのことです。社会的事実としてのひのえうまの婚姻厄難は、ここで消滅してしまったといえるでしょう。

人生経験と家族形成

続いて、結婚後の家族形成についてみていきましょう。子どもがいる女性は、全体の6割前後で、第一子出生年は28歳前後、完結出生数にあたる子ども数はいずれも1・8〜1・9であり、一世代前より0・4人ほど子ども数が少なくなっていることを確認できます。しかし出生グループ間に有意な差はなく、やはり、昭和のひのえうま女性が家族に恵まれないということはないことがわかります。

人生における不幸や不利益については、浪人、留年、失業、解雇や雇止め、配偶者との離死別、大病の経験などを尋ねましたが、いずれも出生グループ間に差はみられません。失業については、ごくわずかにひのえうま学年の経験率が高く、その分、不利益を一切経験していない人の比率が他より若干低くなっているようにみえますが、これも有意な差ではありません。

50代後半に至った現在の暮らしぶりをみると、いずれの出生グループも、早期退職者を含む専業主婦率はほぼ3割であり、孫がいる、すなわち祖母となっている女性の比率は15%前後です。全般に、穏やかに壮年期を迎えているという印象をもつ結果です。

以上、昭和のひのえうま女性の人生について、新たに実施した調査のデータを用いて、周辺生年との異なりを確認してきたのですが、調査を実施した私の思惑に反して、昭和のひのえうま生年、昭和のひのえうま学年に特有の傾向が見出されることは、ほとんどありませんでした。昭和のひのえうま女性には、婚姻に限らず人生全般において、悲痛な経験は一切みられないのです。

禍福はあざなえる縄の如し

昭和のひのえうまの人生を顧みると、学齢期と高卒就職／大学受験では、コーホートサイズが小さいことによるメリットが確かにありました。ただしその有利さは、ひのえうま生年ではなく、ひのえうま学年が同年集団とみなされることから、いくぶん緩和されたものになっていました。加えて、学級数や募集定員の調整がなされていたために、少人数であることのメリットはさらに減っていました。昭和のひのえうまは、確かに得をした人びとではあったのですが、それは人口ピラミッドの切り欠きの深さをそのまま反映した大きさではなかったのです。

社会に出てからは、この生年に生まれたことのメリットは、コーホートサイズではなく、バブル経済などの時代的幸運に移り変わるのですが、周辺の生年とともに有利な歩みを進めることができました。そして女性に注目した調査の結果からみた婚姻や家族形成では、迷信による厄難が見出されることはありませんでした。

以上から、客観的にみると、昭和のひのえうまの人生は、他の生年世代の人びとよりは少しだけ幸運なものであったということができます。「何かと得をした人たちだった」というのは事実ではありますが、驚くほどのメリットがあったというわけでもなかったのです。では、当人たちのひのえうま生まれに対する主観的な思いはどうなのでしょうか。

最後に、「壮年女性３０００人の人生調査」から、人生についての認識を問う、次の３つの質問の回答傾向をみてみます。

（1）これまでの人生において、ご自分の生まれ年で得をしたことがありましたか。
（2）これまでの人生において、ご自分の生まれ年で損をしたことがありましたか。
（3）あなたは、ご自身の生まれ年について、その年に生まれてよかったと思いますか。

結果は、図4-9、図4-10、図4-11のグラフに示しています。

まず（1）「人生において得をしたことがあるか」については、統計的に有意な出生グル

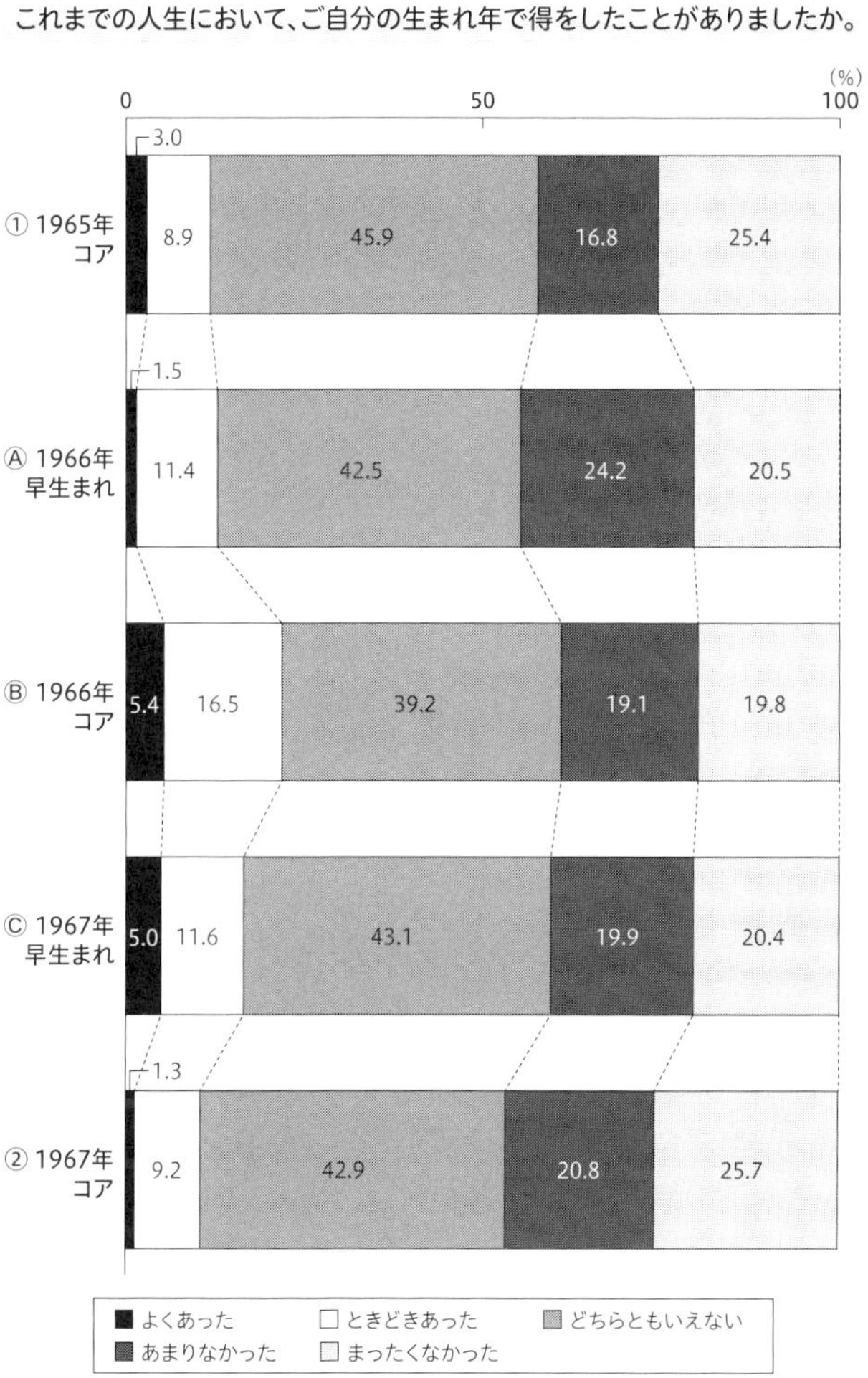

図4-9　生まれ年で得をしたことがあるか

ープ間の異なりが認められます。Ⓑひのえうまコア・グループにおいては、得をしたことが（よく／ときどき）あったという回答が約22％と、他よりも5％ポイントほど多くなっているのです。

ところが、（2）「人生において損をしたことがあるか」という問いについても有意な差がみられ、同じⒷひのえうまコア・グループにおいて、損をしたことが（よく／たまに）あったという回答が25％を超えており、他の出生グループよりも6～14％ポイント多くなっているのです。[33]「損をした」とは、いったいどんな経験が念頭にあるのか、この調査からはわかりません。おそらくは、「ひのえうま女性は気性が荒い」などという決めつけをされたのが嫌だったというような経験によるのでしょう。何しろ、ほかの生年では、生まれ年に関して何かを言われることは全くないわけですから。

ここからわかるのは、昭和のひのえうまのうち、暦年と学年が一致するコア・グループでは、この年に生まれたことについて、「得もしたけど、損もした」、という他の出生グループとは異なる人生評価をしているということです。これは、ひのえうまに生まれたということを常々意識しているために、そこに利害の原因を帰属させがちであることによると考えられます。

これまでの人生において、ご自分の生まれ年で損をしたことがありましたか。

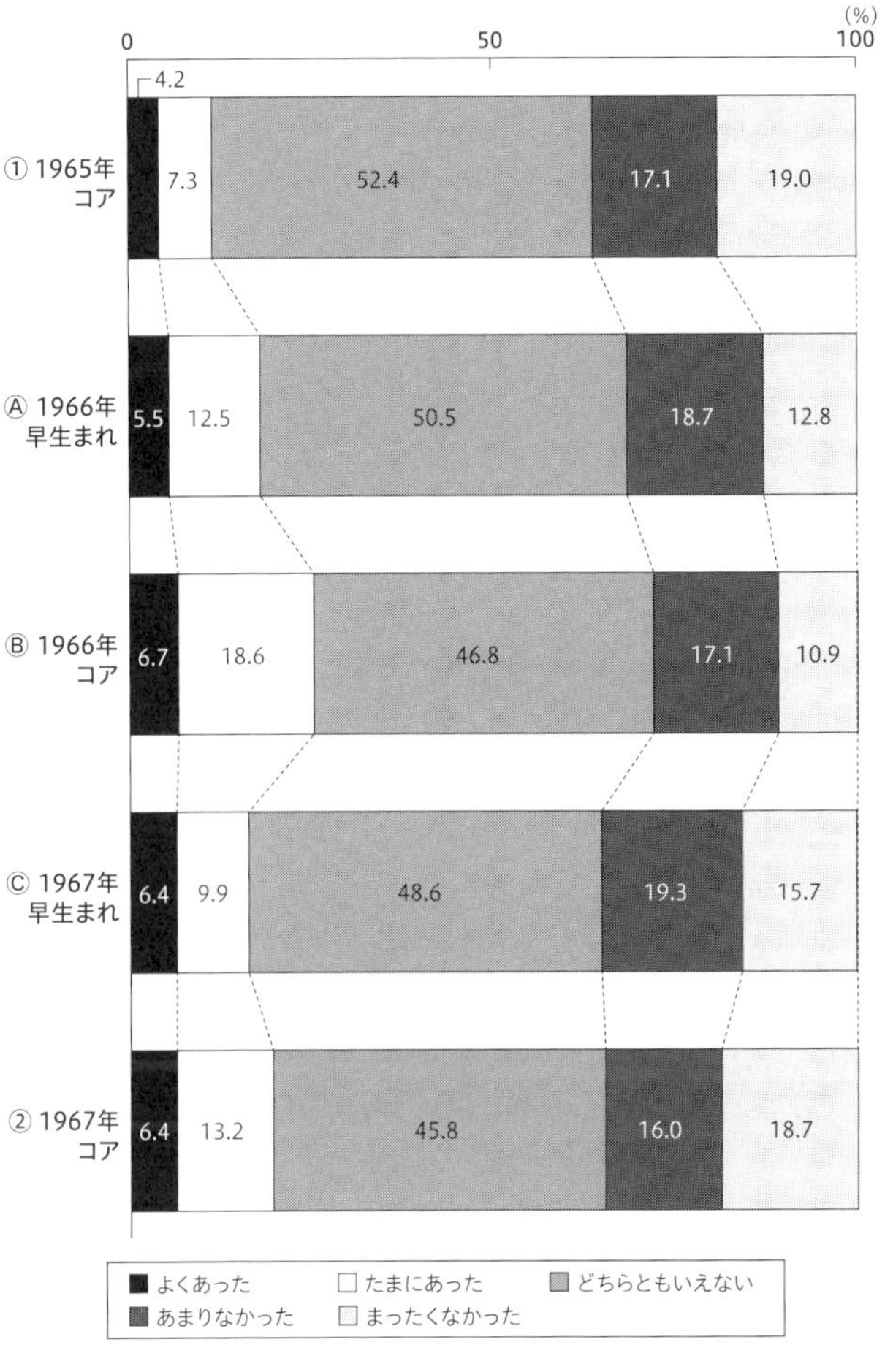

図４-10　生まれ年で損をしたことがあるか

けれども（3）「その生年に生まれてよかった」と思うかどうかという評価をみると、このような功罪相半ばする認識のためか、ひのえうま生年の3出生グループの回答分布は、いずれも周辺の生まれの人たちと大きく異なるところはありません。

Ⓑひのえうまコア・グループの回答について、この年に生まれてよかったと思うかの賛否の比率をみると、「ややそう思わない」と「そう思わない」、を合わせた否定回答は、9・9%にとどまっています。しかし「そう思う」と「ややそう思う」を合わせた否定回答は、34・1%で、この問いへの肯定率は否定率の3倍以上です。この肯定傾向は、他よりもわずかに高いものですが、統計的には有意な差ではありません。

それでも、昭和のひのえうま女性たち当人は、ひのえうまに生まれたことについて、特段に恨みに思っているわけではなく、多くがこの年に生まれてよかったと評価しているといえる結果です。

昭和のひのえうま女性たちが、壮年期に至って顧みるとき、その半生における「ひのえうま」の意味は功罪相半ばしたもので、禍福はあざなえる縄の如し、というところなのでしょう。

あなたは、ご自身の生まれ年について、その年に生まれてよかったと思いますか。

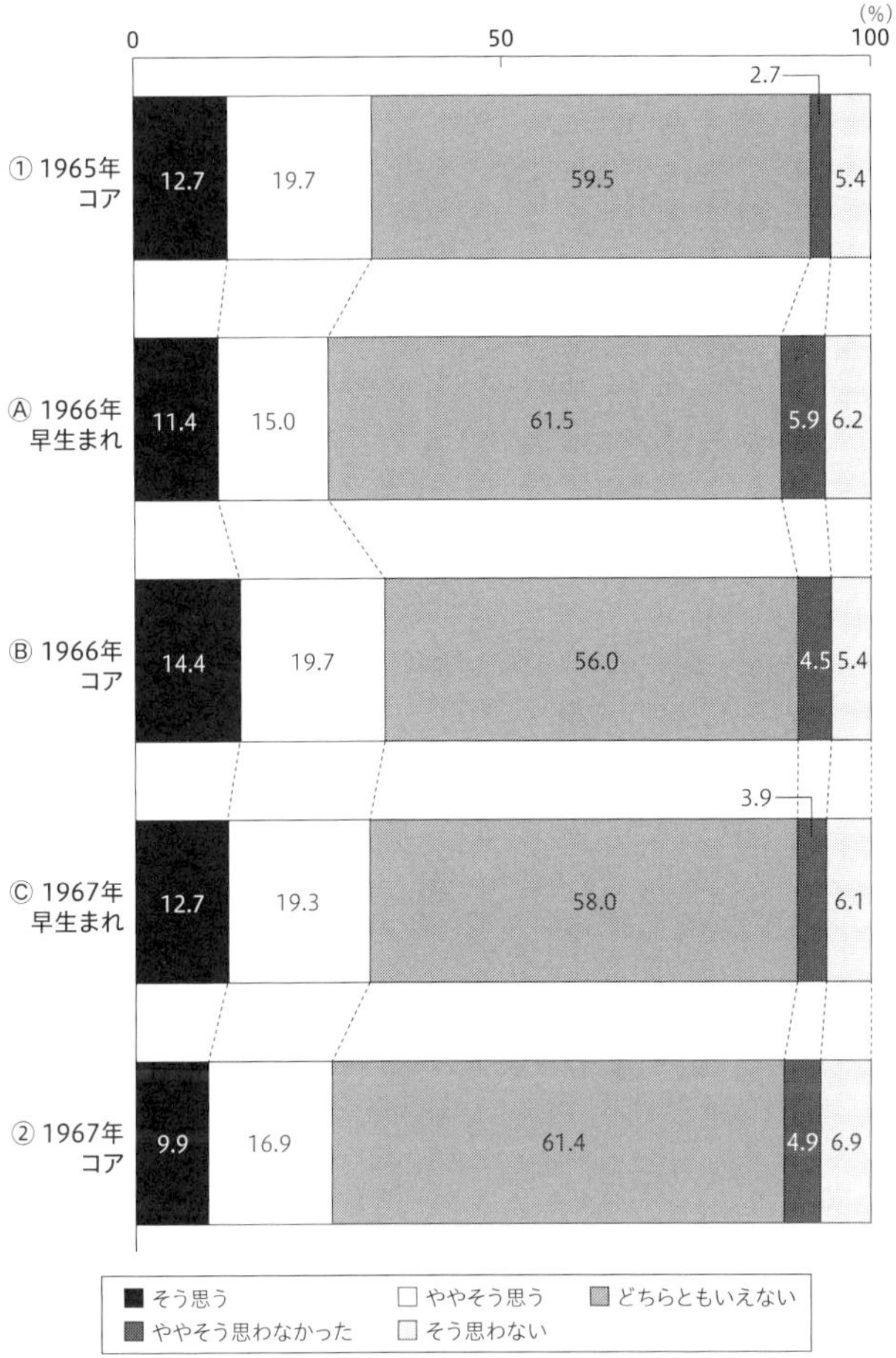

図4-11　その年に生まれてよかったと思うか

終章

どうなる令和のひのえうま

毎年がひのえうま

令和のひのえうまが目前に迫っています。いったいどうなるのでしょうか？　ここまでに明らかにしてきた事実を総合して、現代日本社会を分析しましょう。

まず、昨今の出生行動について基本的な事実を確認します。

今わたしたちは少子化の只中にいます。年間出生数は右肩下がりの減少傾向にあり、足元では一段の深刻化の兆しをみせています。２０２１（令和３）年に約81万人であった出生数は、２０２２（令和４）年には大きく減って約77万人、２０２３（令和５）年の出生数は、人口動態統計をとり始めてから最も少ない72万７２８８人となりました。60年前の昭和のひのえうまのとき１・58で大騒ぎになった合計特殊出生率は、なんと１・20にまで落ち込んでいます。

この状況は、おりから進行していた少子化に、２０２０〜23年のいわゆるコロナ禍がさらなる打撃を加えたために生じているものです。医療体制への不安から、赤ちゃんを授かることを考えていた夫婦が妊娠をためらったことと、直接の接触や出会いの機会が失われたため、新たに結ばれるカップルが減ったことがその要因であるとされています。

コロナ禍の余波は依然として残っているようで、２０２３（令和５）年の婚姻件数は、50

万組を超えていた前年から約６％落ち込み、48万９２８１組でした。そのため第一子の出生が前年よりも減る可能性が指摘されており、２０２４（令和６）年の出生数は、厚生労働省公表の速報値から、約68万７千人と推定されています（執筆時）。２０２５（令和７）年についても出生数回復の見通しは立っていません。

令和のひのえうまがめぐってくるのは、その次の年です。

歴史を顧みると、天明のひのえうまは、幼い子どもの命を守れないほどの大飢饉の最中であり、明治のひのえうまは、国を挙げて成人男性を動員した日露戦役の影響下にあったため、ともに出生減は小規模にとどまりました。対して昭和のひのえうまは、ゆるやかな出生増の途上の出来事であり、前後の年に振り分けの山を作りつつ、その年に限って妊娠が回避されたという現象でした。

令和のひのえうまは、明らかに前者に似た状況、すなわちすでに抑制の力がかかっている状態で迎えるひのえうまだとみることができます。川柳にするならば、「毎年が　ひのえうまかな　令和の世」となるところです。

少子化の主因は「母集団」の縮小

現代日本の少子化の要因として考えうることは、整理すると二つあります。

第一は、子どもをもつライフステージにある男女が実際に授かる子ども数です。欧米などとは異なり、東アジアでは出生のほとんどが既婚の夫婦間に生じます。そこで、既婚夫婦が生涯にもつ子どもの数（完結出生児数）をみると、ほぼ2人前後で、確かに60年前の2・65人（1967年出生動向調査）と比べると少ないですが、ここ20年ほどは横ばいの状態を保っています。有配偶出生率（15〜49歳の有配偶女性千人に対する出生数）をみても、過去40年ほど、数値は大きく変化していません。[34] これらの数字は、個々の世帯の子どもの数が少なくなったことが、昨今の少子化をもたらしているわけではないことを示しています。

第二は、子どもをもうけるライフステージにある男女の数そのものの減少です。研究者が一様に指摘している、現代日本の少子化の根源的課題はこちらのほうです。これは、さらに二つに分解することができます。

ひとつは若年人口の総数が減少しているという、いわば産む世代の少子化です。もうひとつは、その世代で未婚化・晩婚化が進んでいるために、既婚夫婦の数が少なくなっているということです（赤川学2017、山田昌弘2020、筒井淳也2023）。

産む世代の人口減は、少子化がいわれ始めた初期のころの赤ちゃんたちが、親となる年ごろに至ったために生じていることです。昭和のひのえうまの合計特殊出生率の低さを参照して「1・57ショック」といわれたのは平成初年でしたが、さらにその後に生まれた男女が、現在すでに30代に至って、出生数のカギを握っているのです。

時代経過を顧みると、このときの少子化は、人口が多い団塊ジュニア世代が出産する年齢に至っているにもかかわらず、人口ピラミッドに3波目のエコーブーマーが現れなかったという現象でした。本書冒頭で示した図0−1の人口ピラミッドをもう一度見直すと、30歳前後のところがごくわずかに膨らんでいるだけだということがわかるはずです。

説明がややこしくなりましたが、親のほう、つまり団塊ジュニア世代は、社会に出る際にバブル後の就職氷河期に直面した人びとです。同年人口が多く、高等教育進学率も高まり、大学新卒者の人数が多くなっていたにもかかわらず、おり悪しく不況期にかかったため、新卒求人が少なかったのです。

さらにその後の「失われた10年」などといわれた停滞期においては、非正規職就業が続いたり、転職が多かったりしました。そのため、社会に出てからも安定した生活状況に至らない若年層（当時）が多くいました。こうした状況から、若年雇用についてニート、フリーターという言葉が用いられるようになり、30代になっても親に経済的に依存したままの状態にとどまっている、パラサイト・シングルが少なからずいることも指摘されました（山田昌弘1999）。

女性については、そのような恵まれない社会経済的状況のなかで、20代後半の正規雇用率が増大するなど、就業参加が一段と進みました。このことも、若年期に結婚して子どもをもつことを回避する一因になったと考えられます。

そのためこの生年世代では、結婚が遅れたり未婚のままであったりする人の比率が高くなり、結婚している夫婦でも、子ども数がそれ以前よりもやや少なく抑えられました。3波目のエコーブーマーが現れなかったのはそういう事情なのです。これは四半世紀以上前の後戻りできない出来事であり、今さら対策を講じることはできません。

結果として、今赤ちゃんを産み育てる「主力」と目される20代前半から30代中盤の男女の総数は、おおよそ1900万人前後しかいないのです。昭和のひのえうまのときは、これが約2600万人だったのですから、日本社会全体の子どもを産む潜在能力は、60年間でおおよそ7割に縮小しているのです。

加えて、このカギを握る世代が、またしても未婚化・晩婚化傾向にあるのです。

昭和のひのえうまは、女性の未婚率が2％ほどの皆婚社会といわれる状況における現象でした。ところが今、結婚している女性の比率（有配偶率）は、20代後半で30％、30代前半で50％ほどです。男性の未婚化・晩婚化はさらに深刻です。そういうわけで、少子化に対して策を講じうる課題は、ひとえにこの若年層の未婚化・晩婚化だということになるのです。

現状では、20代中盤から30代中盤の既婚女性の数、つまり実質的に妊娠を考えうる人の数は、約300万人であり、60年前のほぼ半数です。まさに「母集団」が少なくなっているのです。

昭和のひのえうまは、周辺年の年間出生数が170万人前後の水準にあったときに、約50万人規模の出生数の一時的な減少があったという出来事でした。これに対して、令和のひのえうまでは、そもそも「母集団」が少ないために、前後の年の出生数が半数以下の約70万人になっているというわけです。

ここで万一、昭和のひのえうまと同じ規模の出生減が生じれば、年間出生数は約25万人になってしまうわけですが、それはありえないことです。事実上は、2026（令和8）年に10万人程度の出生減があれば、人口ピラミッドに切り欠きが残ることになるでしょう。

妊活の時代

以上から、令和のひのえうまで一時的な出生減が生じるかどうかは、子どもをもうけるライフステージにある夫婦の動向次第であり、出生減の規模は、もし本当に生じるとしても5〜10万人ほどだと予想されます。

そして、突き詰めるとこれは、若年の既婚夫婦が妊娠・出産を、どれほど抑制するかがカギとなっているということができます。この年の出産が回避されるというとき、その手段については、昭和のひのえうまのときにすらほとんど生じなかった結婚延期、妊娠中絶、出生日の届出変更を考える必要は、もはやありません。本書の議論の流れに従えば自明のことですが、現代日本の新生児出生の実質的な焦点は、ひとえに受胎調節なのです。

受胎調節の方法と知識の普及にかんしては、この60年間で状況が大きく変わりました。まず、昭和のひのえうまの出生減の隠れた立役者であった組織的な受胎調節実地指導は、すでに遠い過去のものとなっています。若い世代の人たちは、学校での性教育で生殖についての基本的な知識を身に付けており、男女を問わず、赤ちゃんを妊娠しないようにするには、どうすればよいかを知らない人はほとんどいない状態になっているのです。

ちなみに、昭和のひのえうま前夜の雑誌報道をみると、大人たちに対して、まことしやかに男女の産み分け方が解説されていたりします。それが今では、小学生がDNAという言葉を使う時代になっているのです。

さらに現在、妊娠回避には、経口避妊薬（ピル）の常用や、緊急避妊薬の事後服用（アフターピル）という、容易で確実性の高い方法が用いられ始めています。産む主体である女性による受胎のコントロールが可能になっているのです。

そんな今、妊活という言葉があります。

10年ほど前から耳にするようになった言葉で、多くの情報を得て周到に準備をする動きを意味する「○活」のひとつです。カップル（既婚夫婦・事実婚夫婦、あるいは同棲中の男女）が子どもを授かろうと考えたとき、なすがままに任せるわけではなく、さまざまな生活上、身体上のタイミングを考慮し、ときに生殖医療技術にも頼りつつ、法的・倫理的制限も視野に入れて、積極的に「活動」することを指しているのです。

今、母親になろうとする女性は、自身の出産年齢はもちろん、職業キャリアの状況に合わせて、出産（産休・育休）のタイミングを考えなければなりません。父親となる男性もまた、育休のタイミングを考慮する必要があります。そして、少子化対策で取り組まれているとおり、経済的な理由や育児負担の大きさから、子どもをもたない、あるいは子ども数を抑制するということも多くなっています。

具体的にいえば、次のような例が考えられるでしょう。

30代既婚女性で、２歳の第一子がいるというケースで、第二子の出産を考える場合、昇進や配属部署の異動などの自分の職業キャリア上のタイミングと、産休・育休のタイミングを考慮する必要があります。パートナーである夫の生活設計も同様に重要です。そのうえで第一子と生まれてくる子どもの間の学年差と、それぞれの小学校入学年まで考えます。そうすると、「今年の暮れに産んで、来年４月に職場復帰するしかない」、などというように10ヵ月以上前から熟考し、自分の月経周期を考えて、ワンチャンスの受胎のタイミングを計ることになるのです。それ以外のタイミングで赤ちゃんを授かってしまうと、大なり小なり不都合が生じてしまうからです。

20代前半の既婚女性が、第一子の出産を考え始める場合であっても、現在の世帯の経済状況、将来の子どもの学費、家族の状況など、考慮すべき要因はやはり複数あります。晩婚で40代の夫婦が、子どもを授かりたいというときにも、もちろんさまざまな条件を検討するでしょう。

あるいは「生まれ月が遅いと、小学校低学年時の学習適応で不利だという教育経済学の研究結果があるので、4月生まれか5月生まれが望ましい」というような子育て戦略を熟考した周到な出産計画も、この局面で考えられることです。

忘れてはならないのは、子どもが欲しくても授からないという夫婦、あるいは単身女性で、不妊治療をはじめとする様々な方法を試みて、赤ちゃんを得ることを切に願っている人たちもいるということです。

いずれにせよ、いつ赤ちゃんを産むかは、当事者においては、すでに十分すぎるほど考慮されていることなのです。昭和のひのえうまの時代に、次子の出生間隔を空けたり、多子を避けたりすることの必要性と方法が、助産婦（受胎調節実地指導員）たちによって啓蒙されていたのとは、まさに隔世《かくせい》の感があります。

産まないようにするにせよ、タイミングを計って産むにせよ、その事実上の内実は受胎調節です。産まないほうにコントロールすれば避妊となるのですが、これを産む方へとコントロールするのが妊活なのです。

ここからは次のことが推察されます。

若い既婚夫婦が妊活をしていないというとき、それは、不用意に子どもをもうけないように心掛けていることを意味します。すなわち、現代日本は、放っておいたら若い夫婦には赤ちゃんができてしまうという状態にあるわけではなく、「妊活していない」というデフォルト状態では、大半の若い既婚夫婦は、さまざまな手段による避妊にせよ、セックスレスにせよ、意図的に妊娠を避けているという、バースコントロールが徹底した状態にあるとみることができるわけです。

ですから、身もふたもない現実として、少子化対策とは、既婚夫婦に避妊をやめてもらえる社会環境を整えることだということができるでしょう。

令和のひのえうまで、その逆の動きである出生減が起きるとすれば、若い既婚夫婦が、避妊をやめるのをやめるケースが、何らかの共通の動機を「引き金」として、数万件という規模で生じるというのが唯一の筋書きとなります。

赤ちゃんの数はすぐには動かせない

新生児の出生に至るまでには、この妊活をするための日数に加えて、約２８０日の妊娠期間が必要です。これは短縮することができません。ひのえうまの年に子どもを産むにしても、産まないにしても、１～２年前から「準備期間」を見込まなければならないのです。

現状では、限られた数の若い既婚夫婦が、さまざまな動かしがたい事情と時間的制約をふまえて、やっとのことで妊娠出産に至っているのですから、少子化対策によって赤ちゃんの数を速やかに増やすにせよ、ひのえうま忌避で一定期間の出産を抑制するにせよ、即効性の対応策はありません。

ただし、第一子出生については、「授かり婚」、「おめでた婚」といわれる、妊娠を見極めてから入籍するケースがあることに目を配っておかなければなりません。これは「でき婚」（できちゃった婚）などといわれ、一時期さかんに注目されたのですが、その数が最も多かったのは20年ほど前で、現在は徐々に減っています。それでも２０１９（令和元）年人口動態調査によれば、第一子出生の18・４％ほどが、入籍後９ヵ月以内の出産となっています。「授かり婚」は、潜在的な既婚夫婦である未婚カップル、もしくは事実婚カップルにおける第一子出産です。既婚夫婦の数に含まれていないところから生じるケースですから、もしこの数が大きく動けば、土壇場で令和のひのえうまの出生減が起きる可能性が考えられなくはありません。

けれども、ことがらの性質を考慮すると、ひのえうま出産を避ける意図で、周到に「授かり婚」の前倒しや先送り、あるいは「授かり婚」回避をするというのは考えにくいでしょう。関係が長期に安定していて、そこまでの計画性をもっているカップルならば、まず入籍するはずだからです。よって、「授かり婚」、すなわち現在未入籍のカップルからの新生児出生数は、前後の年とおおよそ同じ数で推移するものと予想されます。令和のひのえうまにおいて、その増減がこの年だけの人口ピラミッドの「彫琢」に関わることはないと考えてもよいでしょう。

というわけで、わたしたちは現時点ですでに令和のひのえうま現象の入り口に立っているといえます。「どうなる?」と章題に掲げましたが、もはやわたしたちは限られた数の若い既婚夫婦の動向を静観するほかはなく、あとは2027(令和9)年に確定数が公表される、当該年の人口動態調査の「開票速報」をみるだけなのです。

七つの理由①:削りしろがない状態

令和のひのえうまの出生減が、人口ピラミッドに1年だけの切り欠きを残すためのほぼ唯一の条件は、既婚夫婦のうちで子どもをもつことを計画している人たちが、何かのきっかけで、考えを変えることです。

以下では、かれらがその判断をする「引き金」となる可能性のある事象をみていきます。結論を先取りするならば、やはりひのえうまの再来を「期待」するのは容易ではありません。

以下、出生減が生じないといえる、七つの根拠を挙げていきます。

ひとつ目はここまで述べてきたことで、そもそもの年間出生数が削りしろのない状態にあるということです。論理的に推測すると、今、若い既婚夫婦のほとんどは、デフォルト状態ですでに避妊の方向の受胎調節をしていると考えられるのです。

歴代のひのえうまを振り返ると、大飢饉の最中であった天明のひのえうま以外では、赤ちゃんは、いわば放っておいたらどんどん生まれてしまうという状況にありました。そこから子流し・間引き、祭り替え、受胎調節というその時々で異なる手段を用いて、(女児) 出生数を削る行動がとられたのです。

昭和のひのえうまでは、新婚夫婦については、結婚後、間をおかず赤ちゃんを授かることが強く期待されており、第一子に対して避妊が考えられることは多くはありませんでした。先述のとおり、１９６５(昭和40) 年時点の既婚女性調査では、結婚当初から避妊を行っているという回答はわずか13・６%です。第二子以降については、受胎調節が社会事業として推進されていたほどですから、やはり多くの夫婦が避妊をしていなかったのです。同調査では、30%の既婚女性が避妊の経験はないと回答しています。

つまり、当時のほとんどの若い既婚夫婦は、いつでも赤ちゃんを授かるかもしれない状態にあり、そこにひのえうま忌避という動機がもたらされたために、期間を限った避妊が試みられたのです。やや誇張的にいえば、ひのえうまを契機に、家族計画のないところに家族計画が立てられたということです。

しかし現在では、既婚夫婦のバースコントロールは徹底しています。それぞれの夫婦が、切実で折り重なった個人的な事情のため、子どもを授からないようにせざるを得ないからです。ここにおいて、ひのえうま到来が契機となって、せっかく立てようとしていた周到な出産計画を取りやめにする夫婦が、どれくらい生じるものでしょうか？

ひのえうま迷信は、この緊張感のある出産計画を打ち砕くだけの、つまり従来にはなかったほどの、破壊力をもっている必要があります。しかもそれが、数万件という規模で生じなければならないのですから、かなり難しい「ゲーム」であるわけです。

七つの理由②：大衆文化としての干支の衰退

ひのえうまに人びとが意識を向けるには、多くの人が干支というものに一定程度の関心をもっていなければなりません。ところが今、２０２６（令和８）年がひのえうまにあたるということを、若い既婚夫婦がどれだけ知っているのかはおおいに疑問です。かりに本書のような「啓蒙書」やメディア報道などによって、ひのえうまという暦年の到来を知ったとしても、干支にまつわる迷信などに耳を貸すものなのでしょうか。

そもそも、干支で生まれ年をいう風習は近年すっかり廃れてしまっています。今の日常生活では、西暦が最も多く用いられていますが、これと並行して元号を用いた和暦も依然として使われます。しかし和暦のほうは、昭和の後半、平成の30数年、令和の数年が混在していて、とても複雑になっています。西暦のほうは、しばしば2ケタに省略して表現されるのですが、20世紀の後半の80とか90という年号から、上2ケタが2000年代になってからの25ヵ年分が混在するため、正確を期すときには4ケタを用いなければなりません。西暦と和暦を扱うだけでもこのように一苦労なのですから、三つ目の数え方である十二支の生まれ年まで使いこなす余裕はありません。

けれども、昭和の終わりごろまでは、干支で生まれ年を相互に聞くことは、大人たちの間でよくなされていました。12年の周期ですから、「寅年生まれ」、「未年生まれ」……とわかれば、ほぼ間違いなく年齢を推定できるからです。大正から昭和戦前期（1920～40年代）の生まれの人たちなどでは、こうして相手の干支を尋ねて年齢差を認識し、さらにその干支についていわれているパーソナリティ類型や、相互の干支の間の相性をステレオタイプとして当てはめて、対人コミュニケーションの不安を和らげる人が少なからずいました。

ちなみに、そのとき用いられていた生まれ年は、西暦ではなく63年続いた昭和でした。「辰年だったら15年だな」（１９４０（昭和15）年生まれを特定する例）という具合です。今や忘れられつつある昭和の民俗性ですが、高齢者と接する家族生活や職務をしている人ならば、現在でもこのコミュニケーションを知っていると思います。

昭和のひのえうまは、このように生まれ年を干支で数える文化が生きていたからこそ、大きな話題となったのだといえるでしょう。そしてもちろん、「丙午年生まれの女性の気性は荒い」という、干支易法の信じ込みがあることも必要でした。かたちの残らない大衆文化なので忘れがちですが、江戸期の川柳からもわかるとおり、生まれ年は西暦でも和暦でもなく、まず干支でいう、という文化がひのえうまの「存続」の基盤なのです。

けれども、こんにち干支といえば、せいぜい年始めに今年がなに年にあたるかを知るという程度です。まして、ここで注目しているのは十干まで考慮した丙午です。甲子《きのえね》に始まり癸亥《みずのとい》に終わる中国由来の易暦は、もはや歴史資料の読み解きか、占いの世界のディープな専門知識でしかありません。そのひとつである丙午に言及し、ある種オカルト的な性格をもつ「フェイクニュース」をもう一度拡散させて、大きなムーブメントを起こすのは容易ではなさそうです。

七つの理由③：ポリティカル・コレクトネスの壁

ひのえうまについて、何事かを発信しようとすると、ストレートな男女の既婚夫婦を前提として、出産行動、避妊や堕胎、女児の出生忌避、女性の婚期の遅れ、不縁などについて、産む性としての女性を当事者に見立てて論じざるをえません。まさに本書がそうであって、ここまで注意深く論じてきました。

そもそも、ひのえうま迷信は、変更不可能な属性（特定生年と性別）に向けられる差別に他なりません。加えて、子どもを産むことにかんして当事者に何かを伝えて、それが不快に思われれば、その瞬間に「マタハラ」（マタニティ・ハラスメント：妊娠・出産をめぐる嫌がらせ）が成立することになります。

資料を調べて驚いたのは、60年前の昭和のひのえうまでは、各種メディアがほとんどためらいなく、ひのえうま迷信に言及しているということです。当時の新聞や雑誌の記事の「今年結婚するあなたは来年子どもを産むことになる」、「縁起の悪い生まれの烙印を背負って生きていく」、「幸せな結婚ができない」、「世間から後ろ指を指される」、「若い夫婦よしっかりしなさい」というような内容を、こんにちの日本社会で報道しようとすると、それはたいへん困難なことだといわなければなりません。おそらく多数の禁止コードに引っ掛かり、記事は墨消しだらけになってしまうでしょう。ひのえうまにまつわる言説は、不適切にもほどがある「NGワード」のオンパレードなのです。

実際に、SNS上では不用意に妊娠、出産についての発言をして「炎上」した例もありました。加えて、異次元の少子化対策がいわれる昨今、出産回避を奨励する方向でひのえうまを話題にすることは、時代の要請に無用に逆行することになります。

今の日本社会で、ひのえうまについて活発に言説を飛び交わすには、いくつかの面でポリティカル・コレクトネス（社会倫理上の正しさを幅広く捉え、守るべきとする考え方）の高い壁があるのです。多様な価値観を認め合い、それぞれの立場を尊重すべきだという現在の社会倫理に基づくとき、地上波の報道などで、ひのえうま現象について何をどこまで踏み込んで語ることができるのかは、注目したいところです。

七つの理由④：昭和のひのえうまの無難な人生

ひのえうまが避けられるのは、その年に生まれた女性が、婚期において深刻な不利益を被る事実があったからです。実際の出生減のメカニズムは単純ではなく、しかも毎回のひのえうまで異なっていたのですが、いずれも過去の女性の婚姻厄難がきっかけであることは共通しています。

大半の場合、前回のひのえうまの経験が参照されます。そして、ざっと振り返ってみると、確かに前回の厄難が大きいほど、出生減の規模が大きくなる傾向がみられます。昭和のひのえうまの出生忌避が、あれほど大きな社会現象になったことの背景には、約40年を遡った大正末から昭和初年に、明治のひのえうま女性が縁付かないことを苦に自ら命を絶った悲劇的な事例などが、記憶されていたことがあったのでした。

では、直近である昭和のひのえうまの人生はどうであったのかといえば、出生減は大規模だったのですが、その後にひのえうま生年であることによって不利益を被ったという事実はほとんどありません。逆に、客観的事実としては、昭和のひのえうまは得をした人びとということがいえます。

女性たちが婚期を迎え始めた平成の初めのころには、日本社会はひのえうま言説をほとんど忘れた状態になっており、婚姻厄難は、昭和のひのえうまではすっかり消滅していました。その後にも、「ひのえウーマン」が、ごく一部でいわれたことを例外とすると、格段に取り沙汰されることはなく、無難に壮年期に至っているのです。

昭和のひのえうまについて、おりに触れて語ってきた酒井順子は、次のようなコメントを残しています。


私自身は丙午だからといって嫌な思いをしたことはない。社会的にみても有名な悪女がいるわけでも、離婚率が他の年より高いわけでもないだろう。私たちは「丙午に生まれても心配なく生きていける」という〝壮大な実証実験〟をしたようなもの。（読売新聞2023年4月6日）

自らがひのえうま女性である酒井は、現代独身女性の生き様を「負け犬の遠吠え」と表現したのですが、それをひのえうまに結び付けて「負け馬のいななき」などとは、全くいいそうにはありません。

逆に、昭和のひのえうま女性のひとりとして本書で繰り返し言及してきた秋篠宮紀子妃は、親王との恋愛の末、皇室に迎えられ、やがては皇后もしくは皇太后に……というまさにシンデレラ・ストーリーというべき事例を後世に残しました。

当年生まれの一般の女性たちも、今のところほとんどが健在ですので、自分たちの経験を語ることができます。前章の調査回答でみたとおり、そこで語られるであろう当人としての認識は、総体としてみると「得をすることも、損をすることもやや多かった人生だが、特に悪かったわけではなく、むしろこの年に生まれてよかった」というものです。

加えて、ひのえうまの社会現象の長いサイクルを先まで考えれば、令和のひのえうまの娘たちに不利益が生じるかもしれないのは、２０５０年代のことになります。このときに至ってもなお、生まれ年の干支を理由に、婚姻に圧力が加わるものだろうかと考えたとき、それはありえないように思われます。

明確な厄難がないかぎり、それを予期的に回避するという動機は生じえません。令和のひのえうまでは、もはや社会的不利益を避けるという理由から、この年の出産を控える必然性はなくなっているのです。超音波エコー検査で胎児の性別が判明したときに、女児であったら将来を危惧する、というような前時代的な夫婦の姿は、想像することができません。

七つの理由⑤：ＳＮＳ時代の大衆煽動

昭和の「ひのえうま騒動」の拡大には、メディア報道が決め手となっていました。

マスメディアは現在でも有力な媒体ですが、判断の当事者である若年夫婦の世代が、主要な情報源としているのはソーシャルメディアです。そもそも特定のライフステージにある人たちだけが当事者なのですから、マスメディアで社会全体の騒動を煽る必要はなく、ＳＮＳでの情報伝達は妥当なやり方だといえます。

ＳＮＳによる情報伝達で、これまでのひのえうまでは生じなかったことが起こるとすれば、ひのえうま情報が「バズる」ということです。例えば、インフルエンサーが「来年はひのえうまだから、今、妊娠したらヤバいよね」という類いの書き込みをして、その賛否についての反響が拡大するというようなことが想像されます。ただし、先に述べたとおり、ひのえうまをめぐっては、何をどう語るのかということについて、難しい障壁があることに留意しなければならないでしょう。

そのタイミングは、２８０日の妊娠期間を考慮すると２０２５（令和7）年４月ごろからおおよそ１年の間です。昭和のひのえうまでは、２年前の１９６４（昭和39）年から、メディア報道でまさしく出生減の「胎動」がみられました。令和のひのえうまについては、そろそろ大きな話題となっていなければ、出産回避のムーブメントは起こせません。けれども執筆時点では、ＳＮＳ上でも、マスメディアでも、ひのえうまという言葉は、ほとんど目にすることがありません。

七つの理由⑥：家父長制の衰退

今、婚姻をめぐる価値観は多様化し、適齢で異性と入籍して、同じ配偶者と添い遂げるということを、絶対的な望ましさとして表立って主張する人は少数になっています。旧来の家父長制イデオロギーの下では、これが実現できないことが不利益と意味付けられ、それを忌避すべきという社会的な圧力が生じていたのでした。そして、この家父長制イデオロギーの存在を顕現させることが、ひのえうまの社会的機能であったというのが私の主張するところです。

しかしこの家父長制イデオロギーが、もはや若い世代にほとんど目配りされていないのです。

パートナーと入籍しなくてもいいし、そもそも異性のパートナーがいなくてもいい。人生で何度もパートナーを変えることも、避けられるべき不幸ではない。子どもをいつ何人もとうが、もつまいが、それぞれの人の生き方は否定されるべきではない。このような考え方が、わたしたちの社会において「支配的」なものとして共有されている、多様性と包摂（ダイバーシティとインクルージョン）を尊重する価値観です。

この60年間で、日本人の社会意識には大きな変化がありました。昭和のひのえうまのころの日本では、人びとは社会の「上空」にある集合意識を参照し、それに従って、自らの行動を決める傾向を強くもっていました。

それがすなわち家父長制イデオロギーであり、それに対抗していたのも、受胎調節を項目にもつ、新生活運動という別のイデオロギーでした。新婚夫婦が、ひのえうま忌避よりも嫡出第一子をもうけることを優先したのも、近代的な家族計画の有用性や世間体を考慮して、第二子以降の出産が回避されたことも、個人の事情に基づく意思決定ではなく、集合意識の拘束性を受けた結果であるという側面があったのです。

しかし、その後の個人化の進展で、集合意識を参照するのではなく、今は一人ひとりがコンサマトリーな判断に基づいて行動する傾向が強まっています（吉川 2014）。ひのえうま現象の基底にあり、社会の側から個人に対して強い力を加えていた家父長制イデオロギーは大きく衰退し、現代日本人の意思決定の共通の土台としての力を失ってしまったのです。

家父長制イデオロギーだけではなく、新生活運動のような包括的な社会運動（ムーブメント）は全般に廃れ、これに代わるものとして「就活」、「婚活」、「終活」というように、個人単位で人びとが、（秘かに）傾注する、多様な「〇活」（ムーブメント）が叢生《そうせい》しているというわけです。

妊活について述べたとおり、子どもを授かるかどうかを考えている若い既婚夫婦は、それぞれが置かれた社会的位置付けを見定め、自分たちの生活を設計することを第一義的に重視しています。だれもがそのような個別の基準で行動する社会が個人化社会なのです。

そこでは社会からの圧力や、周囲の意向を顧慮する余裕はなく、社会への目配りもなされなくなりがちです。社会的事実としてのひのえうま、さらにその背後にある集合意識は、若い夫婦の視界には入ってきにくいということです。

そして、たとえひのえうま年であっても、イエにとって重要な子は産んだほうがよい、などという考え方も生じないでしょうから、昭和のひのえうまのときのように、第一子比率が高くなることもないでしょう。

七つの理由⑦：国際化による「ゲームチェンジ」

最後の七つ目の理由は、本書の限界を述べることにもつながります。

江戸期からの歴史的経緯にしても、人口ピラミッドの形状や少子化問題にしても、婚姻をめぐる厄難にしても、ひのえうまについて本書で取り上げてきた現象は、いずれも日本国内限定のトピックでした。

人口ピラミッドのかたちは、1年間に国内で生まれる新生児の数のみによって決まると考え、それゆえに1年だけの出生減を問題としてきたのです。婚姻については、年齢の近い日本人の異性間でなされることを議論の前提としています。動機となる厄難の忌避も、あくまで国内で流布している言説の社会的作用を見据えたものです。背景にある家族理念も、日本の封建遺制に培《つちか》われたイエを重んじる家父長制や、戦後日本型の近代家族イメージでした。

ひとたび国外にも視野を向け、日本人以外の人たちを考えると、議論の前提としていることれらのこと自体が存在しない、もしくは成り立たなくなります。今は一時的に、国民国家という枠組みが存在感を増していますが、この先では、国外との人的な交流は確実に拡大していくでしょう。そんななかで、新たに子どもを授かろうとしている若い夫婦が、生まれてくる子の将来をどのような視野でみているかということは、ひのえうまの厄難回避が考慮されるかどうかの決め手のひとつとなります。

令和のひのえうまの赤ちゃんたちが社会で活躍し始めるのは、２０４０年代後半です。そのころには、外国人就労者や移民の受け入れによって、日本社会のかたちは、今とはかなり異なるものになっているはずです。人口ピラミッドも、国外からの流入人口による側面からの力を受けて、かたちを変えていくことが考えられます。そうなると、かりに国内出生数が減って、1年だけの切り欠きができたとしても、そのかたちが何十年も保たれるわけではありません。

今の子どもたちの将来の結婚相手は、日本人異性とは限りませんし、婚期に至ったときに、日本国内での歴史に基づくひのえうまの俗信がなお生きていて、婚姻のさまたげとなるかどうかは甚だ怪しいでしょう。

閉じた国民国家を前提として考えてきた、ひのえうまをめぐる社会現象は、国際化をゲームチェンジャーとして、早晩、足場を失うことになるのです。

おわりに

以上から、令和のひのえうまでは、大規模な出生減が生じる可能性は極めて低いと断言できます。いくら60年前の昭和のひのえうまでは、起きるはずがないといわれたことが実際に起きたではないかと疑っても、個別の要素を洗い出した結果をみると、それはありえないということを納得せざるをえないはずです。

私は、2026年の令和のひのえうまの出生数は、数年来の少子化対策が功を奏し始め、70万人前後になるのではないかと予想します。これは人口ピラミッドに切り欠きを刻むことのない数字です。

ひのえうまの歴史を振り返る本書の議論は、60年周期、およそ20年と40年のインターバルで「定点観測」を繰り返して、その時その時の日本社会の姿を描き出すものでした。江戸の大火と烈女の悲劇、庶民文化を介した俗言拡散、不縁と揶揄、大飢饉、横行する嬰児密殺、日露戦役と届出の偽り、娘たちの連続自殺報道、避妊推進が「暴発」した出生減、瓢箪から駒のバブル世代、平成のシンデレラ・ストーリーと「ひのえウーマン」伝説……、そこには、じつにさまざまな社会的なものごとが関与していました。

そして、令和のひのえうまでは人口減が生じないという帰結は、決して単なる不発ではありません。今の日本社会が、もはやひ﹅の﹅え﹅う﹅ま﹅の﹅出﹅生﹅減﹅す﹅ら﹅起﹅こ﹅せ﹅な﹅い﹅ほ﹅ど﹅の﹅少﹅子﹅化﹅状﹅況﹅にあるということを、図らずも描き出しているのです。

ひのえうまにまつわる「ソシオロジカル・スペクタクル」は、人口ピラミッドに未曽有の切り欠きを残した昭和のひのえうまの退出をフィナーレとして、360年の歴史に静かに幕を降ろすことになります。

あとがき

物心ついたときから、ひのえうまという言葉をしばしば耳にしてきました。私の同生年はみな、そうだったと思います。けれども、他の十干十二支について、「自分は乙巳《きのとみ》の生まれだ」、「あなたは戊申《つちのえさる》ですね」などと言っているのを見聞きしたことはありません。また、「1・57ショック」がいわれて少子化時代に入るまでは、わたしたちは、明治以降、最も同年人口が少ない希少な生年集団でした。

ひのえうまは、すぐれて社会学的な分析対象なのではないかと思い至ったのは、社会意識研究を志して間もない頃でした。そして、社会意識の力で、期間を限った大出生減がもたらされたのならば、そのメカニズムを「逆回し」することで、少子化を解決できるのではないか、などとも考えたのでした。

結局、ひのえうまという社会現象のメカニズムは解明できたのですが、それを利用して出生数を増やす秘策を見出すには至りませんでした。それでも、本書によって積年の想いを遂げることができました。

還暦を前にした社会学者の、やや好事家《こうずか》的な蓄積の総まとめなのですが、世に問うにあたってひとつだけ気にかかっていることがあります。本文中では、日本社会で特に人口が少ない生年世代を二つ指摘しています。ひとつは、いうまでもなく大出生減があった昭和のひのえうま生年です。もうひとつは、令和のひのえうまに生まれる赤ちゃんの父母になる、少子化世代のカップルたちです。

ということは……本書を「当事者」として手に取る人たちの数は多くないということを、本書自体が示唆しているわけです。これが例えば「団塊世代と団塊ジュニア世代の社会学」であったならば、関心を示す読者は、おそらく倍以上はいることでしょう。とはいえ、本書が令和のひのえうまの出生動向に、何らかの影響を与える可能性もなくはない？　いや、それもありえないでしょう。

もちろん、著者としては広く関心をもっていただきたいと願っています。持ち込んだ企画を快く受け止め、編集にご尽力いただいた江口裕太さんをはじめとする光文社書籍編集部には、心から感謝しつつも、そういう事情から、少し恐縮に思っています。

本書の研究は、科研費（19H00609）の助成を受けたものです。「秘匿」していた草稿が書き上がった段階では、大阪大学人間科学部で社会学を学ぶ6名の学部生諸氏に、遠く離れたZ世代の若者の視点からコメントと励ましをいただきました。そして、そもそものきっかけを授けてくれたのは、昭和戦前世代の両親に他なりません。ここに記して感謝します。

2025（令和7）年1月　著者

注

【1】ひのえうま迷信の由来や歴史は、一般書や教養書において繰り返し紹介されてきました（種村季弘 1987、板橋春夫 2007、新津・藤原 1997）。新聞や雑誌でも概説がなされており、ネット記事やウェブ解説などでも、かなり詳細な情報を入手できます。代表的なものに、フリー百科事典『ウィキペディア（Wikipedia）』の「丙午」の項目があります。

管見《かんけん》のかぎり、根源的な典拠は、いずれも昭和戦前期の迷信研究において、江戸期の原典などの資料を渉猟《しょうりょう》した富士川（1932）、日野（1938, 1949）、小林（1935, 1941）の著書や論稿、および昭和戦後期の人口学や経済学の学術論文であるようです。

本書においては、これらを総合的に参考にしています。そのため、本書の記述内容には先行文献と重なる部分があります。引き写しや孫引きは避けていますが、一部には、複数の文献で引用されているものの、原典を確認できていない記述があります。

【2】十干十二支は、甲《きのえ》・乙《きのと》・丙《ひのえ》・丁《ひのと》・戊《つちのえ》・己《つちのと》・庚《かのえ》・辛《かのと》・壬《みずのえ》・癸《みずのと》の十干と、比較的よく知られている十二支、（子・丑・寅・卯・辰・巳・午・未・申・酉・戌・亥）の組み合わせで暦年を表しており、60年の周期をなしています。そのため、歴史資料の年代を知るのに用いられます。

【3】「万句合わせ」では、お題となる共通の落とし文句として、例えば「ちらりちらりと、ちらりちらりと」とか、「それぞれなこと、それぞれなこと」などという七・七の言葉が挙げられ、その前句（上の句）となる五・七・五の言葉を、投句料を徴収して一般から募集し、競わせていました。

【4】初代柄井川柳は、享保のひのえうま女性たちの8歳上の生まれでしたから、彼女たちをめぐる世評を、同時代人として見聞きしていたと考えられます。しかも長命であったため、天明のひのえうまの4年後まで点者を務めていて、結果、生涯で2度のひのえうまを扱っています。

【5】太陰暦では2～3年に一度、閏月《うるうづき》がおかれており、その年は年間総日数がおよそ30日多くなります。そのため閏月があった年については、同年人口を13分の12に調整した値で図1－2を作成しています。
また、この図の上部で人口が少なくなっているのは、40代中盤において、早くも加齢による同年人口の減耗が始まっているためです。

【6】井下・南・佐野（1977）は、ひのえうま前の5年間の出生数の推移から当該年の基準値を計算し、そこからの差分をとることで「真の出生減少」の値を算出しています。本書ではその手法を参考にしました。

【7】坂井（1995）や赤林（2007）は、国勢調査の都道府県単位の数値や、人口動態統計などのグラフ形状から、母親のきょうだい数、父親の学歴などに、この年だけの傾向を見出していますが、これらは実質的な大きさとしても、統計的な有意性でも確実なものではありません。

【8】婚姻数を月ごとにみると、1965（昭和40）年下半期から1966（昭和41）年上半期にかけて前年よりも若干数が減っています。これを受けて、ひのえうまの影響で挙式数が減っているとする当時の新聞記事があります。「ひのえうま騒動」に影響を受けた人が多少はいたのかもしれませんが、出産のタイミングを考えると、この事実は、出生減にはほとんど関与していません。

【9】死産率や中絶率といわれる数字は、同年の出生数に対する中絶や死産の比率を求めるものです。そのため、年次統計の推移では、分母となる出生数が大幅に少ない1966（昭和41）年は、比率が高まります。しかし死産数、中絶数自体がこの年に増加していたわけではありません。

【10】ロールフスらがとった推定法は次のようなものです。

ひのえうまの年に男女ともに人口（出生数）が減っていて、その前後の年に男女ともに人口（出生数）が増えていれば、性別による選別がないのだから、その変動分は、妊娠自体の前倒しか先送りの痕跡だとみなせる。前後の年に出生数が移っていなければ、その年に限って出産を回避した純減分だとみなせる。ひのえうま年に女性に限って人口が少なく、前後の年に女性の出生数が多くなっていれば、出生後に性別を確認したうえで届出操作がなされた痕跡だとみなせる。そしてひのえうまの年に女児が純減していれば、男児であれば残し、女児に限って子殺しや遺棄がなされた痕跡だとみなせる。以上を手掛かりとして、男女別各年の出生数（同年人口）の回帰推定を行う。

ただ、この論文では弘化のひのえうま前後の各年の人口について、閏月の有無による年間の日数の違いが考慮されておらず、結果にその影響が生じています。

【11】人工妊娠中絶については、田間泰子（2006）や荻野美穂（2008）によって、女性学の視点から詳細な研究がなされています。

【12】出産前倒しの影響を考慮して、当該年の2年前の1964（昭和39）年の都道府県別の新生児中の第一子比率（人口動態統計）を用いました。

【13】第一子出生比率は、その地域の少子化（有配偶出生数の減少）の代理的な指標とみることもできます。またこの比率は、都市化、核家族化、高学歴化、世俗化などの社会変動とほぼ軌を一にした動きをしていることに留意しなければなりません。

【14】当年前後に出産を経験している数名の女性に、その当時の心情を尋ねてみたのですが、高齢のため認知や記憶に不確かな部分が多くなっているようでした。加えて、現在もなお語るこ

とをタブー視している様子もあり、少なくとも私が聞き手ということでは、心境や動機を知ることはできませんでした。

【15】私事ですが、両親は赴任先の土地が気に入り、生まれてくるはずの娘には「松江ちゃん」と名付けると決めており、男子の名前のほうは考えていなかったといいます。ひのえうまを全く考慮せず、むしろ女児を待望していたという事例です。

【16】村井隆重は、「受胎調節などという、ある意味ではまことに合理的なことをやっている人たちが、ヒノエウマという非合理的なものを、なぜ意識しているのか、おかしなことですね」（『婦人生活』1966（昭和41）年12月号）と述べています。民俗学者の板橋春夫も、群馬県の丙午俗信追放運動の実例を調べ「マスコミなどの宣伝によって丙午俗信が真実味を帯びた噂として定着した結果、出生率が減少するのだが、それを支えたのは近代産科学という奇妙な構図ができてしまったのである」（板橋2007）としています。

産科医の藤田真一（1988）も同様の指摘をしていますが、これに加え、子ども数が一人か二人という「少産時代」に、出産時に「ちょっとでも気がかりなこと（＝迷信、引用者補）は避けたい、という気持ちが強く」なっていたことが一因ではないかと、子育て意識の変化の影響を指摘しています。

【17】同調査によると、2023（令和5）年の「女の子の赤ちゃんの名前　使用漢字ランキング」

では、「美」は11番目、「子」はなんと37番目へと後退しています。

【18】いわゆる著名人は、個人の公式サイトなどでプロフィールを公開していますので、生年月がわかります。一部はフリー百科事典『ウィキペディア（Wikipedia）』をはじめとした情報提供サイトからデータを得ました。生年月に信ぴょう性がないと判断した場合は取り上げていませんが、間違いがあるかもしれません。恣意的な取捨選択によるものですので、名前を挙げた方がこの生年を代表するというわけではありません。

【19】同書では「ヒノエウマ・ウーマン」と命名されたのですが、のちに「ひのえウーマン」と呼ばれるようになっています。

【20】正確には、4月2日生まれから翌年4月1日生まれまでが同一学年となります。

【21】教育経済学では、学業成績や能力などについて、同学年内で月齢差があることが明らかにされています。とくに小学校の低学年では、4月生まれであると発達が早く、何かと有利であり、早生まれは不利だとされます。教育経済学者の山口慎太郎らの最近の研究では（Yamaguchi, Ito and Nakamuro 2023）そうした学習に関わる能力形成の有利不利は、高校入学時まで継続しているとされ、成人後の所得の差にもつながる可能性がいわれています。こうした実証結果があるため、近年では妊娠するにあたり、子どもの生まれ月まで配慮する夫婦もいます。

この観点でいえば、ひのえうまを避けた翌年早生まれは、学齢期においては少し不利であったということになります。逆に、この学年のコア・グループは、早生まれが多い分だけ有利であったと考えることができます。もっとも、その差は目に見えるほどではないので、本書ではとくに注目しないことにします。

【22】競争性の緩やかさから、前後の年よりこの学年の教育の到達水準が低かったということはないようです。エビデンスにはなりませんが、この学年については、高校3年時、1984（昭和59）年の高校野球の夏の甲子園大会で、茨城県立取手二高が、清原和博、桑田真澄という、超高校級といわれた2年生コンビを要するPL学園を破って、全国優勝したことを記憶している方もあるかもしれません。

【23】昭和50（1975～84）年代には、大都市圏に大学が集中し、とくに私立大学で入学定員を超過して学生を受け入れていました。これを受けて文部省（当時）は、大都市圏外の大学、とりわけ地方国公立大学に入学定員を分散させる、地方分散政策をとりました。そのため大学入学定員は、10年間一定数に抑えられることになったのです。
短大進学者はほとんどが女子でしたが、この間17～18万人で変化していません。高専4年時在籍者は、いずれの年度も約8千人でほとんどが男性でした。

【24】この学年から、高校の学習指導要領が変更になった関係で、浪人と現役で受験科目が異なる

変則的な受験方式となっていました。現役生には、5教科7科目のうち、新設の現代社会と理科Ⅰが必須科目とされましたが、これらは基礎的な内容の科目であったため、この点でも「国公立はやや現役有利」といわれていました。この方式での試験は翌年までの2年間だけで、以後大幅な改変がなされました。

【25】さらに長期的な大卒就職状況としては、ひのえうま学年以降5年ほどは、右肩上がりの時期であり、その後、バブル崩壊、失われた10年といわれた経済低迷期に入っていきます。求人数はこの間大きく変動し、結果としてバブル期は2倍以上、3倍近くの求人倍率があったのですが、その後に一気に低下して氷河期に入っています。

【26】多くが2年先行して社会に出ていた女子の短大進学者は、それ以前と変わりなく、看護や保育などの女子比率の高い専門職に就くか、男子と競合することのない一般企業等の一般職に就職するかでした。

【27】山田（Yamada 2013）は、同年人口が少ないことがもたらすメリットが、デメリットを相殺したことや、この生年世代の出生後の急速な社会変動、例えば、見合い結婚が減り、恋愛結婚が増えたことなどが、出生時に危惧されたひのえうま迷信の悪影響を封じた要因でないかと推測しています。

【28】この調査では、登録モニターの特性のために、四年制大学卒女性の回答者の比率が多めで、

短大卒と四年制大学卒はほぼ同数になっています。

【29】国勢調査の年齢による区分は、10月1日〜9月30日の間となっているので、暦年生年の区分からは3ヵ月、同学年の区分からは6ヵ月、前にズレていることに留意が必要です。

【30】夫の学歴、もしくは夫婦の学歴同質性については、すでに山田（Yamada 2013）において、ひのえうま女性の不縁は否定されています。２０１５年に実施された大規模階層調査（ＳＳＭ２０１５とＳＳＰ２０１５の合併サンプル）からひのえうま周辺年を抽出して、あらためて確認したのですが、やはりひのえうま女性に限った傾向はみられませんでした。

【31】赤林（Akabayashi 2007）は、マッチング関数を用いて結婚相手のコーホート人口の大きさを考慮した回帰分析から、ひのえうま生年では女性だけではなく男性も、周辺生年よりも結婚確率が低い傾向にあるとしています。ただしこれは、34歳時までのデータに基づいた結果です。

【32】表4-4をよくみると、不思議な動きをしている出生グループがあります。それはⒶひのえうまの早生まれです。このグループを、Ⓑひのえうまコア・グループと見比べると、有意ではないものの、いくつかの特徴がみられるのです。

例えば、短大卒比率は1・6%ポイント高く、四年制大学卒比率は3・4%ポイント低くなっています。また初婚年齢は1歳以上若く、しかも「見合い」の比率が9・2%と、Ⓑひのえうまコア・グループの2倍です。さらに、初婚の夫との離死別の比率もやや高くなっています。加えて、子どもありの比率がやや高く、おそらくその影響で、調査時点で孫がいる女性の比率も他より高くなっているのです。

さまざまな可能性を考えてみたのですが、これらは、理由を見出すことができない、ややミステリアスな傾向です。しかし、繰り返しますが、いずれも出生グループ間比較の結果は有意にはなりません。

【33】早生まれの人たち（Ⓐの出生グループ）が、「生まれ年」を暦年でみているか学年でみているかは特定できないのですが、翌年のひのえうまの早生まれの人たち（Ⓒの出生グループ）では、Ⓑのコア・グループよりもひのえうまで損をした経験がやや少ないようです。しかし、これは有意な差ではありません。

【34】有配偶出生率は、2015年の公表値（人口動態特殊統計）が79・5、最新の2020（令和2）年の国勢調査時の数字を試算したところ74・6となります。遡って調べると、昭和のひのえうまでは81・2と一時的に低い数字になっていますが、その前後の年では、前年が108・8、翌年が116・7でした。

参考文献

赤林英夫 2006「NFRJ03・NFRJ98からみた丙午生まれのその後」『第2回家族についての全国調査（NFRJ03）第2次報告書』日本家族社会学会

――――2007「丙午世代のその後　統計から分かること」『日本労働研究雑誌』569:17-28.

Akabayashi, Hideo. 2007. Who Suffered from the Superstition in the Marriage Market? The Case of Hinoeuma in Japan. Available at http://web.econ.keio.ac.jp/staff/hakab/Akabayashimarriage.pdf.

――――2008 Lives of the Firehorse Cohort: What the Statistics Show, *Japanese Economy*, 35:3.

赤川学 2017『これが答えだ！ 少子化問題』筑摩書房

青木尚雄 1967『人口問題研究所研究資料１８１：出生抑制に関する統計資料』人口問題研究所 34-54.

青木尚雄・冨沢正子 1968「昭和41年の出生減少に関する一考察」『人口問題研究所年報』13: 33-37.

青島幸男 1981『人間万事塞翁が丙午』新潮社

富士川游 1932『迷信の研究』養生書院（復刻版 1985 第一書房）

藤田真一 1988『お産革命』朝日新聞社

楓川市隠 1845『丙午明弁』国立国会図書館デジタルコレクション https://dl.ndl.go.jp/pid/2543197
日野九思 1938『迷信の解剖』厚生閣（復刻版 1986 第一書房）
日野壽一 1949「天文暦法に関する迷信の解明」、『迷信の実態』文部省迷信調査協議会編、技報堂 260-360.
速水融 2022『歴史人口学で見た日本〈増補版〉』文藝春秋社
平井晶子 2008『日本の家族とライフコース』ミネルヴァ書房
井原西鶴 1927『好色五人女』岩波書店
井下理・南隆男・佐野勝男 1977「日本の『文化構造』の社会心理学的研究：１９６６年丙午年の出生激減現象の分析をとおして」『組織行動研究』3：41-70.
板橋春夫 2007『誕生と死の民俗学』吉川弘文館
伊藤達也・坂東里江子 1987「同居児法による『ひのえうま』の出生変動の計測と分析」『人口問題研究』181:31-43.
香川めい・児玉英靖・相澤真一 2014『〈高卒当然社会〉の戦後史　誰でも高校に通える社会は維持できるのか』新曜社
苅谷剛彦 1991『学校・職業・選抜の社会学　高卒就職の日本的メカニズム』東京大学出版会
鬼頭宏 2000『人口から読む日本の歴史』講談社
吉川徹 2009『学歴分断社会』筑摩書房
――― 2014『現代日本の「社会の心」　計量社会意識論』有斐閣

呉文聰 1911『戦後之出生　附　丙午の迷信』丸善
黒須里美 1992「弘化三年ヒノエウマ：文化と人口の地域性」『国際日本文化研究センター紀要』6:35-55.
小林胖生 1935『丙午迷信の科學的考察』啓明會　参照は p.41.
――― 1941「丙午迷信の発生と伝播」『民俗学研究』7(2): 232-277.
今野圓輔 1961『現代の迷信』現代教養文庫社会思想研究会出版部
――― 1965『日本迷信集』河出書房
厚生省統計調査部 1969『昭和41年人口動態統計』
厚生労働省 2000『都道府県別人口動態統計１００年の動向』https://www.mhlw.go.jp/www1/toukei/kjd100_8/index.html
丸十府 1969『江戸の迷信と川柳』愛育出版
村井隆重 1968「ひのえうま総決算」『厚生の指標』15-5:3-9.
中村安秀 2021『海をわたった母子手帳　かけがえのない命をまもるパスポート』旬報社
日本経済新聞 2022「特集記事『ひのえうま』の罪深く」（２０２２年６月６日朝刊　大島三緒）
新津隆夫・藤原理加 1997『１９６６年生まれ　丙午女（ヒノエウマ・ウーマン）　60年に一度の元気者』小学館
荻野美穂 2008『「家族計画」への道』岩波書店
落合恵美子 1994『21世紀家族へ　家族の戦後体制の見かた・超えかた』有斐閣

――――2022『近代家族とフェミニズム 増補新版』勁草書房
大谷憲司 1993『現代日本出生力分析』関西大学出版部
Rohlfs, C., Reed, A., & Yamada, H. (2010). Causal effects of sex preference on sex-blind and sex-selective child avoidance and substitution across birth years: Evidence from the Japanese year of the fire horse. *Journal of Development Economics*, 92(1): 82–95.
坂井博通 1989「十二支別の出生性比の変動に関する一考察」『人口問題研究』45(1): 55-58.
――――1995「昭和41年『丙午』に関連する社会人口学的行動の研究」『人口学研究』18: 29-38.
酒井順子 2003『負け犬の遠吠え』講談社
――――2021「紀子さまと小室佳代さん　１９６６年、丙午生まれの私たち」文藝春秋 digital（２０２１年６月８日）https://bungeishunju.com/n/na80e3053bdf3.
澤田佳世 2014『戦後沖縄の生殖をめぐるポリティクス　米軍統治下の出生力転換と女たちの交渉』大月書店
司馬遼太郎 1973『司馬遼太郎全集24・25・26　坂の上の雲（一）（二）（三）』文藝春秋社
田間泰子 2006『「近代家族」とボディ・ポリティクス』世界思想社
高木雅史 2013「戦後日本の家族計画運動における受胎調節指導の変容」『日本の教育史学』56:58-70.
種村季弘 1987『迷信博覧会』平凡社
筒井淳也 2023『未婚と少子化 この国で子どもを産みにくい理由』ＰＨＰ研究所

上野千鶴子 2007『おひとりさまの老後』法研
雲儀痴人 1845『丙午弁』国立国会図書館デジタルコレクション https://dl.ndl.go.jp/pid/2543198
Yamada, Hiroyuki 2013. Superstition effects versus cohort effects: is it bad luck to be born in the year of the fire horse in Japan? *Review of Economics of the Household*, 11(2): 259-283.
山田昌弘 1999『パラサイト・シングルの時代』筑摩書房
――― 2020『日本の少子化対策はなぜ失敗したのか？ 結婚・出産が回避される本当の原因』光文社
Yamaguchi, Shintaro, Ito, H., and Nakamuro, M., 2023, Month-of-birth effects on skills and skill formation, *Labour Economics* 84, October 2023, 102392.
山口喜一 1967「最近の出生動向、とくに『ひのえうま』にまつわる出生減少について」『人口問題研究所年報』12: 56-60.
山口喜一・金子武治 1968「昭和41年を中心とした全国人口の再生産に関する主要指標」『人口問題研究』108:56-62.
山岡元隣 1662『身の楽千句』国立国会図書館デジタルコレクション
渡辺信一郎 1996『江戸の女たちの縁をもやう赤い糸　絵図と川柳にみる神仏信仰と迷信』斉藤編集事務所

参考ウェブデータ

明治安田生命の生まれ年別の名前調査 https://www.meijiyasuda.co.jp/enjoy/ranking/

２０２５年の推計人口ピラミッド https://www.ipss.go.jp/site-ad/TopPageData/2025.png

フリー百科事典『ウィキペディア（Wikipedia）』「丙午」 https://ja.wikipedia.org/wiki/%E4%B8%99%E5%8D%88

『良姻心得草』国書データベース https://kokusho.nijl.ac.jp/biblio/100367619/

『婦人養草』国書データベース https://kokusho.nijl.ac.jp/biblio/100240846/

『丙午さとし書』国書データベース https://kokusho.nijl.ac.jp/biblio/100401509/

『丙午さとしばなし』1786 国書データベース https://kokusho.nijl.ac.jp/biblio/200021934/

『丙午縁記』1786 国書データベース https://kokusho.nijl.ac.jp/biblio/100301529/

『丙午諭草』1845 国書データベース https://kokusho.nijl.ac.jp/biblio/100445259/

図版クレジット

図 0-1　国立社会保障・人口問題研究所（https://www.ipss.go.jp/）公開の人口ピラミッドをもとに作成

図 1-1　大蘇芳年『松竹梅湯嶋掛額』（国立国会図書館デジタルコレクション）

図 2-1　内閣府「出生数、合計特殊出生率の推移」

図 3-1　2019 年までは厚生労働省政策統括官付参事官付人口動態・保健社会統計室「人口動態統計」（2019 年は概数）、2040 年の出生数は国立社会保障・人口問題研究所

図 4-1　毎日新聞社提供

図 4-3　厚生労働省「平成 22 年度　出生に関する統計（人口動態統計特殊報告）」

図 4-4　同上

図 4-6　リクルートワークス研究所「大卒求人倍率調査（2024 年卒）」をもとに作成

吉川徹（きっかわとおる）

1966年島根県生まれ。大阪大学大学院人間科学研究科博士課程修了。現在、大阪大学大学院人間科学研究科教授。専門は計量社会学、現代日本社会論。主な著書に『現代日本の「社会の心」』（有斐閣）、『学歴分断社会』（ちくま新書）、『学歴と格差・不平等』（東京大学出版会）、『学歴社会のローカル・トラック』（大阪大学出版会）、『日本の分断』（光文社新書）などがある。

ひのえうま

江戸《えど》から令和《れいわ》の迷信《めいしん》と日本社会《にほんしゃかい》

2025年2月28日初版1刷発行
2025年4月20日　　2刷発行

著　者 ── 吉川徹

発行者 ── 三宅貴久

装　幀 ── アラン・チャン

印刷所 ── 萩原印刷

製本所 ── ナショナル製本

発行所 ── 株式会社光文社
東京都文京区音羽1-16-6（〒112-8011）
https://www.kobunsha.com/

電　話 ── 編集部03（5395）8289　書籍販売部03（5395）8116
制作部03（5395）8125

メール ── sinsyo@kobunsha.com

ISBN 978-4-334-10553-2